사람의 운명을 결정짓는 말 한마디

나를 바꿀 수 없다면
말투를 바꿔라

사람의 운명을 결정짓는 말 한마디
나를 바꿀 수 없다면
말투를 바꿔라

초판 1쇄 인쇄 2023년 09월 20일
초판 1쇄 발행 2023년 09월 25일

지은이 | 정병태
발행인 | 최근봉

발행처 | 도서출판 넥스웍
등록번호 | 제2014-000069호

주소 | 경기도 고양시 일산동구 장백로 20, 102동 905호
전화 | (031) 972-9207
팩스 | (031) 972-9808
이메일 | cntpchoi@naver.com

ISBN 979-11-88389-47-6 13190

※ 이 도서의 저작권은 도서출판 넥스웍에 있으며
   일부 혹은 전체 내용을 무단 복사 전재하는 것은 저작권법에 저촉됩니다.
※ 값은 표지 뒷면에 표기되어 있습니다.
※ 잘못된 책은 구입하신 서점에서 바꾸어 드립니다.

사람의 운명을 결정짓는 말 한마디

나를 바꿀 수 없다면 말투를 바꿔라

정병태 지음

Ⓝ넥스웍

친절한 말은
짧고 하기도 쉽지만
그 메아리는 오래 간다.

마더 테레사

초긍정의 말은 기적을 만든다

지혜로운 사람은 말을 할 때에 꼭 필요한 말만 하고, 말하기는 느리게 하면서 잘 듣는 사람입니다. 우리는 듣기를 소홀히 할 때가 참 많습니다. 깊이 생각하지 않고 함부로 말하다 보면 실수하기가 쉽습니다. 반면 적절한 때에 초긍정의 말은 큰 유익을 줍니다. 이제 이 지침서를 통해 더 많이 듣고 올바르게 말할 수 있도록 합시다. 먼저 단호하게 결단합시다.

나 (이름) _____은 ____년 ___월 ____일에
인생의 반전을 위해 언어생활을 변화시킬 것을 결단합니다.

이제 긍정의 생각과 말, 그리고 확신에 찬 언어만 사용하겠습니다. 오늘부터 흥하게 하고 행복하게 하며 용기를 주고 상처를 치유하는 말만 사용하겠습니다. 그리고 기필코 성공과 행복한 삶을 위해 언행을 바꿀 것을 결단합니다. 그러므로 나의 성공과 비전은 앞당겨 성취될 것입니다. 여기 그 각오로 결단한 구체적인 의지를 날마다 적습니다.

① _____
② _____
③ _____
④ _____
⑤ _____

서론

제일 중요한 제1의 언어가 무엇일까?

제1의 사랑의 언어가 있다. 제1의 사랑의 언어를 신실히 표현하면 기적이 일어난다. 제1의 사랑의 언어는 공통점이 있는데 바로 끌린다는 것이다. 사실 그 사랑의 언어를 배우고 실천하기란 그리 쉽지 않은 일이다.

크게 성공한 사람들은 3분 안에 최소한 3개 이상의 사랑의 언어가 들린다고 한다. 이는 세상에서 가장 최고의 위대한 말이기 때문이다. 그래서 기적을 낳는 말이라고도 한다.

사랑의 언어를 구사하려면 많은 노력과 시행착오를 겪으면서 키워지게 된다. 이 사랑의 언어는 새로운 기술이 아니다. 당신의 삶을 변화시키는 데 그 무엇보다도 신념^{trust}과 용기^{courage}만 필요할 뿐이다.

강조하지만 이 책에서 소개하는 모든 사랑의 언어가 외국어처럼 느껴지거나 사용하기가 힘든 것이 아니라 모국어처럼 능숙하고 자유자재로 구사할 수 있도록 안내하고 있다는 사실이다. 아마도 첫 장에서부터 '바로 이거야!'라는 생각이 들 것이다.

감사하며 사랑합니다.

정병태 박사

시작하는 말

어느 낚시를 좋아하는 가정집에 박제된 농어의 액자가 놓여 있었다.
그런데 그 박제된 농어 밑에 다음과 같은 글귀가 쓰여 있었다.
"내가 입을 다물었다면 난 여기 있지 않을 것이다."

얼마 전 한 문자가 도착했다.

교수님, 감사합니다.
교수님이 계시지 않았다면 제 인생이 어땠을까요?
아찔합니다.
저는 교수님 덕분에 제 인생의 터닝포인트가 되었고~~~
멋있는 삶을 살고 있습니다.

사랑합니다!
존경합니다!

한번은 자살을 마음먹었던 사람이 생각을 바꾸어 새로운 삶을 결단하기도 했다. 또 우울감으로 꽉 차 있던 한 학생이 새 힘을 얻어 다시 소망을 품게 되기도 했다.
　그렇다. 진심 어린 희망의 말은 치유의 힘을 가지고 있다. 마음속에 쌓인 우울감, 불안감, 근심, 갈등 등 따위가 해소되는 일은 비일비재하고 마음이 정화되고 억압된 감정의 응어리가 후련하게 사라지며 몸과 마음이 안정되어 균형을 갖게 된다. 바라는 사랑이 이루어지게 하는 힘도 지녔다.
　다음의 말들은 수없이 듣는 인사말들이다.

　"완전 힐링이에요.", "스피치 실력이 늘어, 이제 원고를 보지 않고 강의해요.", "자신감이 생겨 자유자재로 표현해요.", "강의 기회가 아주 많이 늘어났어요.", "사람들이 말을 잘한다고 해요.", "요즘은 아주 많이 행복해요.", "이제 내 생각과 느낌을 자연스럽게 표현할 수 있어 행복해요", "교수님, 감사하고 사랑해요."

사람들이 유창하고 조리 있게 말을 하지 못하는 이유가 많이 있지만, 그중에 하나는 말 배우기 훈련을 거의 하지 않았기 때문이다. 과거로부터 '침묵은 금이다$^{Silence\ Is\ Golden}$.'라는 것을 실생활에서 미덕으로 여기는 관습이 결국 표현력이 떨어지는 민족으로 만들었다.

그러나 이제는 변해야 한다. 말하는 능력이 경쟁력이 되어 버린 사회가 되었기 때문이다. 따라서 뛰어난 언변력은 사람들의 마음을 파고들어 감동을 주고 설득할 수 있는 능력을 갖는다. 그러기 위해서는 말솜씨 키우는 기술을 갖추고 있어야 한다. 그런데 그 실질적인 말의 기술을 열정적으로 가르치는 곳이 드물다. 또 말하는 기술을 배우려는 사람도 드물다. 단순히 쉽게 생각하고 누구나 쉽게 할 수 있는 것으로 본다. 이를테면 자기소개나 인사말, 축사 정도를 잘하면 말을 다 배운 것으로 여긴다. 그러나 그것으로는 절대 안 된다. 단순히 조리 있게 자기소개 정도만을 배우고 말을 다 배웠다고 한다면 그 사람은 말을 배운 적이 없는 것이다.

정병태 박사

차례

서론 ...6
시작하는 말 ...8

PART 1 이기는 말 _ 15

감성표현의 달인 ································ 16
이기는 말 ································ 27
위대한 언어실험 ································ 47
촌철살인 寸鐵殺人 ································ 54

PART 2 천금 말씨 _ 73

언행일치 言行一致 ································ 74
천금 말씨 ································ 89
쿠션 언어 ································ 99

PART 3 말 한마디의 힘 _ 113

긍정의 말 한마디 힘 ………………………………… 114
입술의 핸들 …………………………………………… 124
성공을 부르는 산소언어 …………………………… 134

PART 4 표현의 시대 _ 153

달변가의 비밀 ………………………………………… 154
표현의 힘 ……………………………………………… 164
환대의 한마디 ………………………………………… 174

PART 5 말의 위력 _ 185

비언어 소통의 기술 ········· 186
희망의 한마디 ········· 193
자존감을 높여주는 칭찬화법 ········· 202
말의 위력 ········· 220
언어의 전환 ········· 233

EPILOGUE _ 249

PART 1

감성표현의 달인

세상에서 가장 힘센 말

　사람은 한마디 말로 살아가기도 한다. 말을 통해 세상을 알아가고 타인과 관계를 맺으며 자아를 확립해 나아간다.
　못 해도 '괜찮아!' 실수해도 '괜찮아!'
　누군가에게 이 한마디를 듣고 싶을 때가 너무도 많다. 자신의 힘으로는 어찌 해볼 수도 없는 두려움이 밀려올 때, 어려운 상황 속에서 위로를 구하는 사람들을 격려할 때, '괜찮아!' 이것이 세상에서 가장 힘센 말이다.

　어느 날 연구실에 손님 한 분이 자기 회사 여직원 두 명을 데리고 왔다.
　나는 그분에게 이렇게 말했다.
　"여직원을 얼굴 보고 뽑으시나 봐요?"
　이 말에 여직원들과 그 손님이 아주 좋아했다. 옆에 있던 지인은 "나는 그런 칭찬을 들으면 밥을 쏜다."라고 거들기까지 했다.

그렇다. 최고 최상의 말은 상대가 듣고 싶은 말을 하는 것이다.

위대한 말은 위대한 일들을 이루어낸다. 세계적인 문호 셰익스피어는 '인생을 망치지 않으려면 자신의 말에 신경을 써야 한다.'라고 강조해 말했다.

말은 큰 영향력을 가지고 있기에, 우리는 언제나 말을 심사숙고하여 잘 선택해서 사용해야 되는 것이다.

사람들과의 다양한 관계 속에서 성공의 가장 중요한 첫 번째 요건은 무엇일까? 많은 요인들이 있겠지만 이미 큰 성공을 거둔 사람들은 한결같이 그 첫 번째 요인을 뛰어난 말솜씨라고 한다. 즉 상대를 설득해 내는 기술을 말하는 것이다. 그리고 사회는 능숙한 말솜씨를 큰 경쟁력으로 인정해 준다.

그러나 말의 능력은 저절로 얻어지는 것이 아니라 반드시 배우고 익혀야 되는 것으로 훈련을 통해 얻어진다. 필히 고된 노력과 반복을 통해 얻어지는 능력이다.

나는 말을 테니스 운동으로 종종 비유해서 설명한다. 왜냐하면 테니스는 다른 운동에 비해 기본기를 잘 갖추어야 공을 서로 주고받을 수 있기 때문이다. 말을 잘하는 것도 일방적으로 말하는 데만 있는 것이 아니라 쌍방향으로 주고받는 공감의 소통 능력이 있어야만 된다.

깊이 생각하지 않고 말을 함부로 하면 많은 문제가 야기된다. 생각이 먼저고 말은 그 다음이다. 전달할 메시지를 정리하여 핵심을 재빨리 전달해야 듣는 사람이 핵심의 말을 쉽게 기억할 수 있기 때문이다.

그렇다. 소통케 하는 의사전달, 즉 감동을 주는 말은 미리 준비되어 계획된 것이다. 그러므로 말할 내용에 집중해야 한다. 아래의 지침에 따라 초점을 맞추어 말을 해야 한다.

- 상대에게 초점을 맞춘다.
- 부정적인 생각을 버리고 긍정적인 결과를 마음속에 그린다.
- 말할 내용을 미리 생각하고 검토한다.
- 진심을 담아 말한다.

상대를 설득할 수 있는 최선의 소통법은 아래와 같다.

- 상대방의 말에 귀를 기울인다.
- 대화에 집중한다.
- 인내심을 가지고 상대방의 말을 듣는다.
- 상대가 이해할 수 있는 수준으로 말할 내용을 다듬어 말한다.

감성표현의 달인

 필자가 전하는 말의 힐링은 대단한 것이 아니다. 진심을 담아 용기 있게 사랑하는 사람에게 '사랑합니다.'라고 고백하는 것이다. 바라는 것을 기대하며 외치는 것이다. 소원하는 것을 설렘으로 고백하는 것이다. '사랑합니다.'라고 100번 고백하면 그대로 사랑이 이루어진다.

 부디 바라건대 부단히 노력하여 감성표현의 능력자가 되어야 한다. 이를테면 사과, 사랑, 감사, 칭찬, 희망, 격려, 고백의 표현에 능숙해야 한다. 아울러 생각, 느낌, 깨달음, 스토리, 유머, 위트, 질문, 에피소드, 명언, 소개 등의 표현이 화려하고 섬세해야 한다. 또한 보고 듣고 느낀 것을 구체적으로 표현할 줄 알아야 한다. 인생은 표현이기 때문이다.

 당신의 미래는 표현에 의해 결정되고 내일의 삶은 오늘의 표현된 결과이다.

 내 표현에 따라 인생이 바뀌고 작용된다. 그러므로 자신의 마음속에 들어 있는 생각, 깊은 앎과 깨달음을 표현할 줄 알아야 한다. 세상의 역사는 마음에 품은 생각을 자유롭게 표현하는 것으로 창조되기 때문이다.

 우리의 생각은 마음속에 심는 씨앗과 같다. 땅에 심어진 씨앗이 꽃을 피우고 열매를 맺듯이, 생각을 표현함으로써 엄청난 능력을 발휘되게 된다. 표현이 사람을 움직이고 세상이 바뀌는 것이다. 더 나아가 표현의 위대함은 관계도 회복되고 상한 감정도 치유된다. 마음이 따뜻해지고 진한 사랑도 하게 된다. 표현의 능력에 따라 앞길이 열릴 수도 막힐 수도 있고 좋은 사람을 얻을 수도 잃을 수도 있다. 즉 한마디의 표현이 우리 일생을 바꾸어 놓을 수도 있다. 그러므로 우리의 일생을 이끌어 가는 표현의 전문가가 되어야 한다.

우리는 사람들과 어떻게 관계를 맺게 될까? 먼저 관심을 갖는 데서 시작한다. 그 관심은 표현이라는 것으로 발전하게 된다. 표현을 통해 새로운 관계가 시작하는 것이다. 결국 인생은 생각의 표현을 통해 풍성해지고 감동을 주며 힘과 용기를 준다. 그리고 우리의 미래를 새롭게 창조하게 된다. 여기 내가 좋아하는 김춘수 시인의 '꽃'의 한 부분을 소개한다.

내가 그의 이름을 불러주기 전에는
그는 다만
하나의 몸짓에 지나지 않았다.
내가 그의 이름을 불러 주었을 때
그는 나에게로 와서
꽃이 되었다.

내가 그의 이름을 불러 준 것처럼

나의 이 빛깔과 향기에 알맞은

누가 나의 이름을 불러다오

그에게로 가서

나도

그의 꽃이 되고 싶다.

  꿀 같은 표현은 나비도 날아들게 한다. 달콤하고 향기로운 표현을 상상해보라. 사랑의 결과들이 당신의 주위를 가득 채울 것이다. 화려하고 섬세한 표현은 모든 상황에서 절대적인 힘을 지닌다. 생각과 행동을 동시에 불러일으키고 감정과 지력을 동시에 자극한다.

  전달하고자 하는 메시지가 상대의 마음을 움직이고 내가 원하는 결과를 얻을 수 있을 때, 소통의 목적이 달성되는 것이다. 따라서 훈련된 표현은 상대의 마음을 파고드는 힘이 있다. 지금 사람들에게 다가서고 싶다면 우선 그들의 언어로 말해야 한다.

지금 해야 한다

친절한 말 한마디 생각나거든

지금 말하자.

내일은 당신 것이 안 될지도 모른다.

사랑하는 사람이 언제나 곁에 있지는 않다.

사랑의 말이 있거든

지금 해야 한다.

- 로버트 해리

샬롬(평안) 이야기

누구를 만나든 항상 "샬롬! 샬롬!" 하고 인사를 나누던 목사가 있었다.

어느 날 길을 가던 목사는 얼굴이 까만 사람이 지나가기에 평소처럼 "샬롬!" 하며 반갑게 인사했다. 그런데 어찌 된 영문인지 목사의 인사를 받은 그 남자가 교회에 나오기 시작하더니 열심히 주일을 지키고, 3개월이 지나자 목사에게 함께 식사를 하고 싶다는 제안을 했다. 식사 자리에서 남자는 목사에게 다음과 같이 고백했다.

"저는 인생을 참 재미있게 살았습니다. 사업도 잘되었고 돈과 명예도 얻었죠. 모든 것이 평안했습니다. 그런데 어느 날부턴가 몸이 피곤하고 부어오르더니 얼굴도 까맣게 변하는 것이었어요. 병원에 가보았더니 '잘해야 3개월밖에 못 산다.'는 간암 말기로 진단이 나왔습니다. 가족도, 친구들도 모두 걱정하며 제가 죽게 될 것을 안타깝게 생각했을 뿐이었죠. 그때부터 저는 '죽을 놈'이라는 생각이 들었어요. 주변에서도 곧 '죽을 놈'이라고 생각했지요."

그런데 목사님은 저를 처음 본 순간, 제게 이렇게 말씀하셨지요. '살 놈!' 하고 말입니다. 모두 제게 '죽을 놈', 3개월 후에 '죽을 놈' 하는데, 길에서 저를 우연히 만나자마자 '살 놈!' 하시니 정신이 번쩍 들었습니다. 그래서 생각했지요.

'그래, 나는 죽을 놈이 아니고 살 놈이다.'

살아야겠다고 생각한 그때부터 저는 교회에 나오게 되었습니다.

병원에서 한 말은 무시하고, 3개월 후에 죽을 것을 무시하고 열심히 기도드리고, 주일을 지키고 돌아와 약을 먹고 몸을 추슬렀지요. 매일 저 자신에게 '나는 살 놈이야!'라고 말했습니다. 그렇게 말하니까 몸이 가벼워지는 것 같았고, 운동을 조금씩 하며 잘 먹고 잘 쉴 수 있었습니다.

결국 3개월밖에 못 산다고 한 몸이, 3개월이 지났는데도 더 건강해졌을 뿐 아니라 힘도 생겨 이렇게 살아있습니다."

나는 이 이야기를 들려줌으로써 '샬롬'이라는 말을 '살 놈'이라고 알아들었던 그 남자에게 진정한 샬롬의 역사가 시작된 것을 말하고자 한다.

이제 서로 '샬롬!'의 인사를 나누어보자. 진심을 담은 '살놈'의 인사를 먼저 건네다 보면 우리에게도 '샬롬'의 기적이 일어날 것이다.

"여러분을 사랑해요."

말의 발음 한 마디가 얼마나 중요한지를 가르쳐 주는 이야기다. 이제 부정적인 말이 아니라 긍정의 말로, 또박또박 분명한 말로 살리는 언어를 사용하고자 한다.

"대단하십니다.", "감사합니다.", "잘했습니다.", "수고하셨습니다.", "사랑합니다.", "보고 싶었습니다."

소크라테스의 가르침

어느 날 몇몇 제자들이 대철학자 소크라테스에게 물었다.
"인생이란 무엇입니까?"

그 물음에 답하기 위해 소크라테스는 그들을 사과나무 숲으로 데리고 갔다.

때마침 사과가 무르익는 계절이라 달콤한 과육향기가 코를 찔렀다.

소크라테스는 제자들에게 숲 끝에서 끝까지 걸어가며, 각자 가장 마음에 드는 사과를 하나씩 골라오도록 했다. 단, 다시 뒤로 되돌아갈 수 없으며, 선택은 한 번뿐이라는 조건을 붙였다.

학생들은 사과나무 숲을 걸어가면서 유심히 관찰한 끝에, 가장 크고 좋다고 생각되는 사과를 하나씩 골라 모두 사과나무 숲의 끝에 도착했다.

소크라테스가 미리 와서 그들을 기다리고 있었다. 그가 웃으며 학생들에게 말했다. "모두 제일 좋은 열매를 골랐겠지?"

학생들은 서로의 것을 비교하며 아무 말도 하지 않았다. 그 모습을 본 소크라테스가 다시 물었다.

"왜? 자기가 고른 사과가 만족스럽지 못한가 보지?"

"선생님, 다시 한 번만 고르게 해주세요."

한 제자가 이렇게 부탁했다.

"숲에 막 들어섰을 때 정말 크고 좋은 걸 봤거든요. 그런데 더 크고 좋은 걸 찾으려고 따지 않았어요. 사과나무 숲 끝까지 왔을 때야 제가 처음 본 사과가 가장 크고 좋다는 것을 알았어요."

다른 제자가 급히 말을 이었다.

"전 정반대예요. 숲에 들어가 조금 걷다가, 제일 크고 좋다고 생각되는 사과를 골랐는데요. 나중에 보니까 더 좋은

게 있었어요. 저도 후회스러워요."

"선생님, 한 번만 기회를 더 주세요."

다른 제자들도 약속이나 한 듯 이렇게 말했다.

소크라테스가 껄껄 웃더니 단호하게 고개를 내저으며 진지한 목소리로 말했다.

"그게 바로 인생이다. 인생은 언제나 단 한 번의 선택을 해야 하거든."[1]

그렇다. 우리는 살면서 수없이 많은 선택의 갈림길 앞에 서지만, 기회는 늘 한 번뿐이다. 순간의 잘못된 선택으로 인한 책임은 모두 자신이 감당해야 한다. 따라서 나의 언어생활은 심중하고 심사숙고해야 한다. 할 수 있다면 초긍정의 말을 해야 한다. 용기를 갖고 기회가 찾아 왔을 때 표현해야 한다. 또 고백하기로 마음먹었으면 시점을 놓치지 말고, 솔직하고 쿨 하게 말해야 한다. 사과해야 할 것이 있다면 인정하고, 철저하게 뉘우침으로 다시는 반복해서 실수하지 않겠다는 단호한 사과를 하자. 지나나가 버린 후 표현은 별 효과가 없다.

---

1 윌리엄 베네듀의 "위즈덤 스토리북" 중에서 발췌하였다.

이기는 말

신의 책상 위에는 이런 글이 씌어 있다고 한다.

"네가 만일 불행하다는 말을 하고 다닌다면 불행이 어떤 것인지 보여 주겠다. 또한 네가 만일 행복하다고 말하며 다닌다면 행복이 정말 어떤 것인지 보여주겠다."

안 되는 회사는 안 될 수밖에 없는 이유가 있다. 반면 잘 되는 기업은 잘될 수밖에 없는 이유가 있다. 다음의 한 실험연구에서 그 힌트를 얻을 수 있었다.

"사람들이 화를 낼 때 내뱉은 숨을 담은 봉지에 모기를 넣으면 몇 분 안에 죽어 버리지만, 반대로 웃을 때 뱉는 숨에서는 훨씬 오래 살아 있다는 것입니다."

그렇다. 긍정이 있는 곳은 언제나 풍성한 결과를 맺게 해준다.

아주 잘 오셨습니다.

우선 우리의 말하는 법이 틀린 경우를 보면 무엇이 잘못

되었는지를 확인할 수 있다.

"죄송합니다만 홍길동 선생님이신가요?
아, 안녕하세요? 처음 뵙겠습니다. 죄송해요, 홍길동 선생님 맞지요.
바쁘신데 아침부터 이렇게 멀리까지 오시게 해서 죄송합니다."

이 대화에서 무엇이 잘못 되었을까?
우선 아무것도 잘못한 것이 없는데 "죄송합니다."를 연발하고 있다. 또 상대가 들으면 무거울 수 있는 단어를 사용했다.

"바쁘신데", "아침부터", "이렇게 멀리까지".

무거운 단어로 인사를 받기보다는 감사를 받는 편이 훨씬 마음 편하고 기쁘다. 손님맞이 인사를 이런 식으로 바꾸어 보면 어떨까?

"실례합니다. 홍길동 선생님이신가요?
처음 뵙겠습니다. 저는 정병태라고 합니다.
소중한 시간을 할애하여 이렇게 방문해주셔서 감사

합니다.

교통편이 좀 이른 시간에 도착하셨지만 아주 잘 오셨습니다.

환영하며 잘 부탁드리겠습니다."

이제 "죄송합니다."라는 말버릇은 자제하는 것이 좋다.

"아주 잘 오셨습니다."

말 한마디를 바꾸면 내 인상이 확 달라진다. 긍정적인 표현이 훨씬 좋은 느낌으로 다가온다는 것을 명심하자. 당신이 사용하는 말 한마디에 따라 상대방이 느끼는 감정이 크게 달라진다. 그래서 다음의 말이 성립되어지는데, "말 잘하는 사람이 이긴다."이다.

우리가 이런 말을 할 때는 우리 자신도 역시 동일한 기쁨과 위로를 얻게 되는 것이다. 행복하고 성공적인 인생을 원한다면, 먼저 우리의 말부터 바꾸어야 한다. 꼭 행복해서 '행복하다.'라고 말하지 않는다. 불행하더라도 슬프더라도 '나는 행복하다.', '나는 기쁘다.'라고 말하면 그 말이 분위기를 그대로 바꿔 놓는 것이다.

초긍정의 고함지르기

　필자의 소망은 여러분 모두 제1의 언어인 사랑의 언어를 사용함으로써 오래 묵혀 둔 성공 인생의 수수께끼가 풀어지기를 바란다.

　한번은 초등학교 자녀를 둔 부모가 학교에서 어떤 시간이 제일 재미있느냐고 물었더니, 미술 시간이 제일 재밌고 즐겁다고 대답했다. 미술 선생님은 자기들이 크레용만 붙잡고 있어도 "Good!" 하면서 잘했다고 칭찬을 해주신다는 것이다.

　한번은 선생님께 '지우개가 어디 있느냐?'고 여쭤 보았더니 선생님의 반응이 다음과 같았다.

　'탁월한 질문이구나!Excellent question!'

　이처럼 말은 엄청난 영향력이 있다. 그래서 폭력 중에 가장 무서운 폭력이 언어폭력이다. 로버트 풀검의 에세이 '내가 정말 알아야 할 모든 것은 유치원에서 배웠다.'에 이런 글이 나온다.

"남태평양 솔로몬 군도의 어느 마을 사람들은 독특한 방법으로 나무 벌채를 한다. 나무가 너무 커서 도끼로 자를 수 없을 때, 그들은 새벽마다 나무에게 고함을 질러서 쓰러뜨린다. 이런 일을 30일간 계속하면 나무는 끝내 죽어서 쓰러진다. 왜냐하면 긍정의 고함이 나무의 영혼을 죽이기 때문이란다. 원주민들에 의하면 그것은 언제나 효험이 있다고 한다."

이렇듯 말에는 과학적으로 설명할 수 없는 힘이 존재한다. 사람들은 이 이야기를 의심하겠지만 확언하건대 순진무구한 말은 기적을 만든다는 것을 확신한다. 그러니 나무에 사용하지 말고 사람에게 정성을 들여 순진무구한 말을 전해 보자.

말로 저주하면 저주가 전달되고, 축복하면 축복이 전달된다. 사랑의 말을 하면 그대로 사랑이 이루어진다. 지금 용기를 갖고 사용해 보자. 곧 기적을 경험하게 될 것이다.

아낌없는 격려와 희망의 말 먹이기

어느 중년 남성이 만성 우울증에 시달리고 있었다. 그는 자수성가해 큰 기업가가 된 아버지에게로부터 늘 이런 말을 듣고 자랐다.

"야, 이 녀석아! 네가 내 기업을 물려받았다가는 다 망쳐 버리고 말겠구나."

그는 아버지가 돌아가시고 나자 아버지의 말이 잘못된 것임을 입증하기 위해 상상을 초월할 정도로 일에 몰두했고, 절대 실패하지 말아야 한다는 강박 관념에 시달렸다. 그런 그에게 술은 위안과 자유를 주었다. 시간이 흘러 일에서 오는 스트레스가 점점 심해지자 그는 알코올 중독에 빠지게 됐고 아내마저 그를 떠나겠다고 위협했다. 결국 그는 심한 우울증으로 약물 치료를 받게 되었다.

이 사람의 인생은 자기 아버지의 말의 힘에 의해 흔들리고 파괴된 것이다. 특히 부모가 무심코 내뱉은 말은 더 강력하여 자녀의 가슴에 깊이 새겨진다. 나중에 부모가 죽어도, 부모가 늘 했던 말은 여전히 자녀의 가슴에 남아 힘을 발휘한다. 그래서 할 수만 있다면 부모는 자녀들에게 축복의 말을 해야 한다. 격려와 희망의 말을 아끼지 말고 먹여야 한다.

하루 12번의 포옹 언어

의사소통 93퍼센트는 비언어적 형식으로 이루어졌다. 그래서 포옹은 세상에서 가장 따뜻한 언어이며 죽은 사람조차 살리는 힘도 지녔다.

한번은 태어난 지 얼마 안 된 쌍둥이 형이 죽어가고 있었는데, 인큐베이터 안에 형과 동생을 나란히 누이니 건강한 동생이 죽어가는 형을 포옹했다. 그 사랑의 포옹에 의해 기적처럼 형도 살아났다. 이것이 사랑의 기적이다. 따뜻한 포옹이 때로는 수천 마디의 말보다 더 많은 것을 전한다.

포옹은 '허그 테라피'라고 불릴 만큼 사랑을 전하고 생명을 살리는 엄청난 힘을 가지고 있다. 포옹은 신체로 표현할 수 있는 지상에서 가장 따뜻한 언어이다. 가족 치료의 선구자이며 미국의 심리학자 버지니아 사티어 Virginia Satir, 1916~1988는 "살아남기 위해서 하루에 네 번의 포옹이, 계속 살아가기 위해선 하루에 여덟 번의 포옹이, 그리고 성장을 위해선 열두 번의 포옹이 필요하다."라며 포옹의 중요성을 강조했다.

진심으로 부탁하겠다.

사랑하는 여인, 가족과 자녀들, 그리고 함께 일하는 동료나 신뢰하는 사람들을 포옹해주자. 어쩌면 백 마디 말보다 한 번의 포옹이 그 사람에게 더 많은 것을 전해줄 것이다.

그리고 몸의 언어 포옹을 실천하자. 하루에 최소 2차례씩 포옹을 하도록 하자. 특히 가족과 아침저녁으로 몸의 언어 포옹으로 인사를 나누자.

특별히 "당신이 최고야!"라며 격려하고 포옹으로 사랑을 전한다. 반갑고 기쁘게 포옹으로 맞이한다. 자녀를 맞이할 때 따뜻하게 포옹해주자.

신경제학자 폴 잭은 '적어도 하루 8번 포옹을 하면 더욱 행복하고 즐거운 관계를 만들 수 있다.'고 하였다. 또 가족심리상담가로 유명한 버지니아 사티어도 포옹에 대해 유명한 말을 남겼는데, 한 번 더 그의 명언을 전한다.

"기본적 생존에는 하루에 4번, 행복을 유지하는 데에는 하루 8번, 진정한 성장을 위해서는 하루 12번의 포옹이 필요하다."

단지 포옹만으로도 사랑의 호르몬인 옥시토신이 생산되고, 스트레스 호르몬인 코르티졸의 분비는 감소된다. 한마디로 포옹을 많이 하면 건강해진다는 이야기이다. 오늘부터 포옹의 언어 하루 12번은 '사명이다.'라고 생각하고 나누도록 한다.

따뜻한 말 한마디

시인이자 사상가였던 랠프 왈도 에머슨은 "울창한 삼림도 도토리 한 알에서 시작되었다."라고 했다. 허드슨 테일러도 "작은 일은 작은 일이다. 그러나 작은 일에 신실한 것은 큰 일이다."라고 했다. 그러므로 큰일, 비중 있는 직위에 앞서 자신의 목전에 놓여 있는 작은 일에 최선을 다하는 것이 바로 큰일이다.

워싱턴 국회의사당 앞에서 구두를 닦는 소년이 있었다. 그는 정성을 다해 손님들의 구두를 닦았다. 어느 날 텍사스 출신의 한 상원의원이 구두를 닦으러 와서 소년의 손을 잡고 격려해 주었다.

"나도 네 나이 만할 때 구두를 닦았다. 그러니 너도 나처럼 상원의원이 될 수 있단다."

그 상원의원의 한마디가 어린 구두닦이 소년의 마음에 뜨거운 야망의 불을 지폈다. 그 후 소년은 온갖 고생을 감내해 가면서 새로운 미지의 세계에 도전했다. 훗날 그는 많은 사람들의 아픈 마음을 치료해주는 세계적인 대심리학자가 되었다.

상원의원의 따뜻한 말 한마디가 어린 구두닦이 소년의 자아상에 뜨거운 생명력을 불어넣어 주었던 것이다. 그 주인공이 바로 웨인 오츠 박사이다. 우리 함께 명심하여 실천하자. 우리의 말 한마디가 다른 사람들의 인생을 그려간다는 것을 말이다. 행복과 불행을 결정짓는 중요한 삶을 형성케 한다는 사실을….

왜 이렇게 난 피부가 고와

여기 부작용이 전혀 없으며 아주 젊어지게 하는 얼굴 화장법이 있다고 하여 소개하고자 한다. 아마도 부작용도 없고 평생 공짜로 제공되는 가장 좋은 화장법이 아닐까 생각된다. 여러분도 즉시 써보자. 효과가 매우 좋다.

"왜 이렇게 나는 피부가 고와!", "왜 이렇게 나는 피부가 고와!", "왜 이렇게 나는 피부가 고와!"

이런 말을 날마다 10번씩 외치면 곧 피부에 좋은 호르몬이 몸속에서 분비되어 고운 피부가 될 것이다. 이 말의 비밀은 나의 피부가 고아지는 것에 확신을 갖고 자신을 사랑하는 말을 하였기 때문이다.

오늘도 여기저기에서 "왜 이렇게 나는 피부가 고와!"라고 외치며 다니는 사람들은 모두 내 제자들이다. 그리고 얼굴이 곱고 젊은 피부를 가진 사람들은 어쩌면 이 지침을 실천한 결과일 수도 있다.

'사랑한다.'는 말은 분홍색(핑크빛)의 침전물

"와! 오늘도 칭찬의 시간이 돌아왔습니다."

나의 학습 방식은 원형으로 뺑 둘러앉아 서로 칭찬하는 것으로 시작한다.

시인 마크 트웨인의 최고의 명언이 아닐까 생각하는데 바로 다음과 같은 말이다. "좋은 칭찬을 한 번 듣는 것만으로도 나는 두 달을 살 수 있다."

역시 토마스 에디슨도 "나는 칭찬 한마디를 들으면 한 달이 즐겁다."라고 하였다. 칭찬을 받으면 바보도 천재로 바꾸어진다.

바보 온달을 장군으로 만든 것은 평강공주의 애정 어린 칭찬 때문이었다.

우연히 미국 심리학자 엘마 게이츠의 '침의 침전물' 연구

보고서를 보게 되었다. 내용을 보면, 평상시 우리가 말을 할 때 만들어지는 침은 무색의 침전물이다. 그런데 '사랑한다.'라는 말을 할 때나 들을 때는 분홍색(핑크빛)의 침전물이 된다. 반면 욕이나 비난, 부정의 말을 사용 후의 침은 갈색 침전물이 된다. 그 갈색 침전물을 실험용 쥐에 투여한 결과 쥐가 금방 죽었다고 한다. 결국 부정적인 말이나 욕을 많이 하는 것과 듣는 것은 생명을 죽이는 행위나 마찬가지인 것이다.

흔히 사랑은 마라톤과 같다고 말한다. 사랑은 절대 단거리 달리기가 아니고 길고 긴 여정이다. 사랑하면 기적이 일어나고 사랑하면 창조가 일어난다. 사랑하면 사랑하기 이전에 보지 못했던 새로운 것을 발견하게 된다.

우리의 삶에서 제일 힘들고, 우리가 지고 가는 짐 중에 가장 큰 짐은 무엇일까? 그것은 바로 사랑의 결핍이다. 사랑의 결핍은 삶의 어려움을 더욱 무겁게 만든다. 그래서 사랑 없이 혼자 살아가려고 하면 뭘 해도 짜증나고 힘이 든다.

사랑을 받으면서 살면 뭘 해도 어렵지 않고 힘들지 않다. 그런데 의외로 사랑의 결핍을 치유하는 것은 어렵지 않다. 매일 나 자신을 위해 가족에게, 친구에게, 또한 힘들어하는 사람들에게 따뜻한 사랑의 말을 먼저 건네주는 것이 그 방법이다.

사랑의 포옹을 해준다는 것은 내 마음을 표현하는 것이다. 내 삶의 주변에 있는 사람들에게 건네주는 것이다.

미국의 프로 미식축구의 전설적인 코치 빈스 롬바르디의 말이다.

"선수들이 서로를 배려하고 사랑해야 한 팀으로 협력 플레이를 할 수 있다."

애플의 창업주인 스티브 잡스^{Steve Jobs}는 한 강연에서 다음의 말을 남겼다.

"진정으로 만족하는 유일한 길은 스스로 훌륭하다고 믿는 일을 하는 것이며 훌륭한 일을 하는 유일한 길은 여러분이 하는 일을 사랑하는 것이다. 만일 그것을 아직 찾지 못했다면, 계속해서 찾고 주저앉지 말라."

하루에 3천 번씩 '감사합니다.'

시크릿의 제임스 레이는 오프라 쇼에서 다음의 얘기를 했다.

'진심으로 남을 도와주려는 마음이 그 사람을 성공으로 이끈다.'

일본의 유명한 과자 기업인 다케다 제과는 다마고 보로 Tamago Boro라는 과자를 만드는 회사이다. 이 과자는 일본 사람이라면 안 먹어본 사람이 거의 없을 정도로 인기 있는 과자이다.

경영주 다케다 와헤이(竹田和平) 회장은 이 과자를 만들 때 특별한 원칙을 내세운다. 과자를 만들 때 직원들에게 과자를 향해 "감사합니다."라고 외치게 한다고 한다. 그는 하루에 3천 번씩 "감사합니다."라는 말을 외치라고 권한다. 제품에 직원들의 행복한 마음과 정성을 불어넣기 위함이다. 심지어 공장에다 "감사합니다."라고 녹음한 테이프를 작업 시간 내내 틀어놓는다. 그래서 제품이 출고될 때까지 100만 번의 "감사합니다."란 말을 들으며 만들어진다고 한다.

다케다 제과에서는 1시간 동안 '감사합니다.'라고 말한 직원들에게 급여와는 별도로 시간당 8천 원의 상여금을 지급한다.

'감사하다.'는 말을 표현하면 자연스레 웃는 얼굴이 되고 그러면 운도 좋아진다는 것을 잊지 말자. 다케다 하헤이 회장이 직원들이 과자를 향해 "감사합니다."라고 외치게 하듯이, 오늘부터 만나는 사람들에게, 가족은 물론이고 직장 동료들에게 '감사합니다.'라고 인사하고 맞이해 보자.

감성적 정서의 말들

인간관계는 결국 말이 매개가 되고 최고의 소통적 도구이기도 하다.

얼마든지 말로도 사랑이 전달되고 증진되며 확장시킬 수 있다. 그 사랑을 끈끈하게 해줄 수 있다. 황금 혀, 천금 말씨, 위대한 한 마디, 감동을 주는 말의 비밀은 그리 어려운 말들이 아니라 다음의 말들이었다. 뭐 대단한 말이 아닌 바로 진심을 담은 "사랑해.", "고마워.", "미안해.", "수고했어.", "~해도 될까요?", "대단해요.", "멋지다.", "잘했다." 등이었다.

그런데 우리에게 너무나 익숙한 이런 표현들은 그리 쉽게 표현할 수 있는 말이 아니다. 다 아는 말이지만 쉽게 입에서 나오지 않는다. 내 언어로써 안 쓰던 말이기에 막상 쓰려고 하니 입술에 배지 않아 머리에서만 뱅뱅 돌고 말로 꺼내기가 쉽지 않다. 하지만 마치 외국어를 공부하듯이 자꾸 쓰다 보면 입에 길이 나고 술술 나오게 된다. 결국 타인과 더 나은 관계를 맺고, 더 깊이 연결되며, 더 큰 영향력을 얻을 것이다.

감성적 정서의 말들은 존경과 관심, 정중함과 예의, 그리고 사랑과 배려가 가득 들어 있는 말이다. 이 말들을 많이 하면 환경이 확 바뀐다. 긍정의 단어는 사람들을 움직일 수 있다. 존중받고 있다는 것을 느끼기 때문이다. 다음의 말들을 날마다 기회가 주어질 때마다 사용해야 한다. 사랑받고 있고 내가 가치 있는 사람이라는 것을 느끼게 될 것이다.

"매일 맛있는 요리를 만들어 줘서 고마워."

"나랑 결혼해 줘서 고마워."

"미안해, 오늘 내가 언성을 높여서."

"내가 오늘 회식이 있는데 저녁 먹고 들어가도 될까?"

"오늘 많이 수고했어."

"사랑해."

"감사하며 고맙습니다."

"많이 보고 싶었습니다."

"바쁠 때마다 먼저 도와주겠다고 말을 걸어 줘서 고맙게 생각하고 있어요."

"큰 주문을 받아 내다니 역시 대단하세요."

"바쁘실 텐데, 거래처들 대상으로 설문 조사를 맡아 주셔서 감사합니다."

날마다 100번 '사랑한다.'라고 말하자

"내가 어떤 위대한 사람이 되려고 열망한 것은 부모님의 기대 때문이었을 것이다." 이는 정신분석학의 창시자인 지그문트 프로이트가 한 말이다. 프로이트의 부모는 넉넉하지 않은 집안 형편에도 아들에게 각별한 관심과 애정을 쏟았다. 어머니는 그에게 항상 '내 소중한 보배'라고 부르며 미래에 대한 꿈과 희망에 찬 격려를 해주었고 수시로 칭찬을 아끼지 않았다. 더 나아가 아버지는 아들을 위해 당시 문화와 교육의 중심지였던 오스트리아 빈으로 이주할 만큼 교육열이 아주 높았다.

프로이트는 부모님의 기대에 부응하고자 훌륭한 사람이 되길 열망했고 마침내 세계적인 학자가 되었다. 그는 저서에서도 '부모로부터 받은 깊은 사랑과 기대가 자신의 학문과 인생에 든든한 힘이 되었다.'고 밝혔다.

그렇다. 자녀들이 부모의 사랑을 먹고 자라듯이 우리도 역시 사랑을 먹고 자란다. 그러므로 우리는 다 사랑받기 위해 태어났다. 오늘도 만나는 사람들에게 사랑의 끼니를 제공해 주시는 멋진 사람들이 되기를 바란다.

제비는 어린 새끼를 위해 하루에 100번도 넘게 먹이를 물어 나른다고 한다. 제비가 하루 어린 제비에게 주는 음식은 받으면 받을수록 쑥쑥 자라나는 하루 100번의 사랑고백을 받은 것이나 다름이 없다.

학습을 실천하고 있는 어느 분의 이야기이다. 그는 하루에도 100번씩 가족에게 사랑한다고 고백을 실천하고 있다. 기업 대표인 김국동 회장님은 아내에게 칭찬과 사랑의 표현을 하루에 무려 100번을 생활화하고 있다. 아침에 일어나서부터 잠자기 전까지 날마다 100번 이상 '사랑한다.'라고 고백을 한다.

사랑의 표현은 위대한 일을 만들어 낸다. 사랑의 고백은 기적을 만들고 건강케 하는 힘을 갖고 있다. 러시아의 소설가 톨스토이는 『사람은 무엇으로 사는가?』라는 책에서 "인간은 사랑으로 산다."라고 했다. 자신과 다른 사람을 사랑하는 것이야말로 살아가는 데 가장 중요한 일이자 실천해야 할 사명이다.

험블브래그

험블브래그humblebrag는 '겸손하다humble.'와 '자랑하다brag.'의 합성어이자 신조어이다. 즉 겸손한 척하면서 은근히 자랑하는 사람을 의미한다. 자랑하는 동시에 감사를 표하고 겸손함을 잃지 않는 것이다. 가장 중요한 것은 자신을 자랑하는 것 못지않게 다른 사람을 많이 칭찬하는 일에 능장 부려서는 안 된다.

진실한 칭찬과 평가는 사람들을 기분 좋게 만든다. 인간관계 최고 대가였던 데일 카네기[1888-1955]는 이미 80여 년 전에 다음과 같은 실천적인 말을 남기었다.

"성공의 비결은 그 누구에 대해서도 나쁘게 말하지 않는 데 있다. 자신이 아는 모든 이에 대해 좋게 말하라."

오늘날 이보다 더 좋은 말은 없다. 언뜻 겸손하면서 과시하지도 않고 자기중심적이지 않은 태도이다. 이 실천 지침을 즉시 실천해 주기를 바란다. 남을 기꺼이 홍보해주는 사람이

자 칭찬에 능숙한 사람이 되기를, 그리고 자신의 성취도 자랑할 수 있는 사람 말이다.

블로그나 카톡, 또는 게시판에 공개적으로 홍보하는 글을 올려주자. 적어도 하루에 3건 이상 누구든 무엇이 됐든 홍보하고 자랑을 해줘야 한다. 아마도 기분 좋게 당신을 자랑해줄 사람들이 늘어나게 될 것이다.

아무리 사소한 것이라도 칭찬이야말로 최고의 표현이다. 칭찬받고 기뻐하지 않을 사람은 없다. 한마디 덧붙이자면 칭찬에 아주 능숙한 사람이 되자는 것이다. 지금 눈앞에 상대의 보이는 부분을 먼저 칭찬해 주고 뭐든 좋으니 상대를 칭찬해 보자. "넥타이 무늬가 아주 독특하네요.", "눈에 옷이 확 들어옵니다.", "참신해요.", "신선해요.", "역시 회장님다워요.", "유행의 첨단을 걸으십니다.", "아주 멋져요."

말한 대로

이 세상에서 최고의 축복이 무엇이라 생각하는가?

사람의 말도 심는 대로 거두는 것이다. 한 연구 결과에 따르면 말의 65%가 그대로 이루어진다. 생각한 대로, 말한 대로, 소망한 대로 되는 것이다.

이 세상에 위력을 주는 말이 필요 없는 사람은 단 한 사람도 없을 것이다. 미국 상원 도서관에 가면 세계적인 지도자 에이브러햄 링컨(미국 제16대 대통령, Abraham Lincoln, 1809-1865)의 유품이 보관돼 있다. 그가 암살당할 때 소지했던 물품들로, 그의 이름이 새겨진 손수건 한 장, 어릴 때부터 가지고 다니던 펜나이프, 해져서 기운 안경집, 5달러가 들어 있던 지갑, 아주 오래된 신문 스크랩이다.

사람들은 일국의 대통령이던 그의 청빈한 삶을 보면 감동받는다. 그 가운데 특히 사람들의 눈길을 끄는 것은 존 브라운의 설교문이 실린 낡은 대로 낡은 신문 스크랩이다. 거기에는 다음과 같은 문장이 있다.

"링컨은 당대에 가장 위대한 사람이다."

사실 링컨은 강한 지도자였다. 남북전쟁을 승리로 이끌어 노예들에게 자유를 주었다. 그토록 강한 그에게도 칭찬의 한마디가 필요했던 것이다. 그래서 그 기사를 스크랩해 가지고 다니면서 힘들 때마다 보고 또 보았던 것이다. 참으로 가슴이 뭉클해진다.

지금 우리에게 당장 필요한 것은 진심 어린 격려의 말이다.

인정해 주는 표현

화가 많이 난 고객이 갑자기 더 이상 화가 나지 않았다. 분노와 울화는 어느새 이해와 동지애라는 구름으로 변해 있었다. 그 원인이 무엇일까.

"나는 그녀가 내 말을 '경청'하고 있음을 느꼈고 내 상황에 '놀라워한다.'는 사실을 알았습니다. 나는 그녀가 내 입장을 '옹호'한다고 느꼈던 것입니다. 그녀가 아직 내 문제를 해결해주지 않았음에도 불구하고 나는 이미 마음이 편해졌습니다."

이제까지 내가 받아본, 최고의 고객 서비스였다. 전화를 끊고 나니 이전의 분노와 울화는 눈 녹듯 사라지고 인생은 살 만한 것처럼 느껴졌다.

그렇다. 더 이상 화가 나지 않은 것은 내 말을 들어줬을 뿐 아니라 내 입장과 감정을 공감해줬기 때문이다. 이것이 바로 감정이입이다. 이는 상대가 자신의 얘기를 경청하고 있음을 느끼게 해주고, 상대의 감정을 알아주는 것이다.

이제부터 대화를 하면서 '감정이 담긴' 단어와 표현을 잘 듣고, 몸짓언어와 말의 어조에도 주의를 기울여야 한다. 그리고 '정말 ~하시겠군요.' 혹은 '정말 ~할 만하네요.'와 같은 인정해주는 표현을 써 주면 더욱 효과가 좋다.

대면의 대화에서 무엇보다도 먼저 상대방의 마음을 알아주는 마음가짐이 중요하다.

위대한 언어실험

인생 최고 최상의 표현법

긍정 표현은 식물에게도 영향을 끼친다. 식물의 정신세계 작가 피터 톰킨스Peter Thompkins는 "식물의 신비한 생애"라는 책에서 칭찬이 식물에 어떤 영향을 주는지에 대해 실험을 하였다. 동일한 식물을 세 개의 동일한 화분과 흙에 나눠 심은 후 같은 장소에 나란히 놓았다. 그리고 물과 기름과 햇볕의 양도 동일하게 조절했다. 그러나 한 가지 다른 조건이 있었다. 각 화분마다 다른 말을 건네며 기르는 것이다. 즉 다르게 표현하였다. 첫 번째 화분에는 칭찬만 하였다.

"넌 어쩜 이렇게 아름답니! 새로 돋아나는 앙증맞은 새잎 좀 봐. 뿌리도 땅속 깊이 튼튼하게 자라고 있구나."

두 번째 화분에는 아무 말도 하지 않았다.

세 번째 화분에는 비난과 불평을 늘어놓았다.

"넌 정말 못생기고 볼품없구나. 너 같은 꽃은 공들여 가꿀 가치조차 없어."

어느 정도 시간이 흐른 후 비교했을 때 칭찬을 받은 식물은 튼튼하고 싱싱하게 자랐다. 아무 말도 하지 않은 식물은 그저 그런 상태를 유지했다. 반면에 비난을 받은 식물은 비실거리며 자라지 못하고 결국 죽어버렸다.

하늘에서 듣기 원하는 말들이 있는데, 그것은 겸손하고 감사하는 말이다. 선하며 사랑의 말, 격려와 희망으로 가득 찬 긍정의 말은 기적을 낳고 더 큰 성공을 불러오는 최상의 표현법이다. 그리고 하늘은 착하고 선한 말을 아주 좋아한다. 왜냐하면 착한 말에는 진심으로 가득 차 있기 때문이다.

그 사람이 얼마나 지혜로운지는 그 사람이 하는 말을 들으면 알 수 있다. 말과 글은 다시 주워 담기가 매우 어렵기 때문이다. 말 잘함은 현란한 말솜씨에 달려 있지 않다. 그의 성품에서 드러난다.

아울러 칭찬과 축하, 격려와 자랑에 인색하지 않았으면 한다.

필자가 아는 사람 중에 두 딸을 둔 여성 CEO가 있다.

첫째 딸은 성격이 예민하고 날카로웠다. 그 이유는 큰 아이다 보니 부모는 기대감에 많은 걸 요구했다. 따라주지 못했을 때는 마구 비난을 퍼부었다. 그 결과 아이는 자신감 없는 아이로 자랐고 성격 또한 모나게 자랐다.

반면 두 번째 딸은 아주 사랑스럽고 남들에게 다정다감한 아이로 자랐다. 이유인즉 막내이다 보니 큰 기대감도 없고 그저 건강하게 자라주기만 바랐기에 늘 긍정의 말로 격려해

주었다. 덕분에 둘째 딸은 아주 예쁜 성품으로 자라주었다.

현재 그분은 많이 후회하고 있다. 큰 아이에게 사랑으로, 격려와 칭찬으로 키우지 못했음을 말이다. 그러나 지금은 긍정의 말이 얼마나 위력이 큰지 알기에 늦게나마 사랑과 칭찬으로 소통하고 있다.

사랑과 애정 그리고 따뜻한 말

'물은 답을 알고 있다.'의 저자 '에모토 마사루'는 모든 대답은 물이 가르쳐주고 있다고 말한다. 먼저 실험의 결과부터 보도록 하겠다.

'고맙습니다.'라는 말을 꾸준히 보여준 물은 깨끗한 육각형 결정을 만들었지만, '망할 놈'이라는 글자를 꾸준히 보여준 물은 제멋대로 흩어져 찌그러져 있었다.

(행복) '고맙습니다.'를 꾸준히 보여줬을 때의 물의 결정

(불행) '망할 놈'이라는 단어를 반복해서 보여줬을 때 물의 결정

긍정적인 말을 하면, 그 진동음이 물질을 좋은 성질로 바꾼다. 하지만 부정적인 말을 하면 모든 것을 파괴의 방향으로 이끌어 간다. 놀라운 사실은 '고맙습니다.'라는 말을 일본어, 영어, 독일어 등 몇 가지 언어로 물에 보여주고 결정 사진을 찍으면, 어느 나라 말이건 잘 정돈된 깨끗한 형태가 나타난다는 점이다.

'에모토 마사루'는 이 책(물은 답을 알고 있다)에서 우리 몸이 70%의 물로 이루어져 있다는 점에 주목한다. 이러한 말들이 실제로 사람들에게 안 좋은 영향을 미칠 수 있다는 말이다.

"즐겁게, 가슴 뛰게 살아가면 몸도 좋아지고, 고민하고 슬픔에 잠기면 몸도 아픕니다. 감정이 활기차게 흐를 때, 우리 마음은 행복으로 가득 차고, 몸도 건강해집니다. 탁하지 않고, 고이지 않고, 흘러야 합니다. 그것보다 인간에게 더 중요한 것은 없습니다."

365 감사생활

이 세상의 위대한 성공에는 0.3초의 기적이 있다.
'감사합니다.'라는 말 한마디를 하는 데 걸리는 시간이다.

-데보라 노빌

통계에 따르면 대한민국 각 분야 OECD 자살률 1위가 된 이유로, 그들의 낮은 자존감 때문이라고 한다. 매사에 감사하기보다는 불평, 불만을 토로하기 때문이다. 단언컨대, 감사하며 더 행복해지고 더불어 나를 둘러싼 인간관계도 변화된다. 그리하여 필자는 '365 감사운동'을 펼치고 있다.

사실 감사의 첫걸음은 오랫동안 가지고 있던 '고정관념'을 깨는 것부터 시작된다. 감사는 남을 위해서가 아니라 나를 위해서 연습하는 것이니, 비웃음이나 비판을 살 일도 없다.

하버드 비즈니스 스쿨 학생들은 "감사합니다."를 입에 달고 산다. "Thank you"나 "Thanks." 때로는 "I appreciate it." 하고 정중한 표현을 쓴다.

우리 주변에는 감사한 마음을 제대로 표현할 줄 아는 사람이 그리 많지 않다. 다른 사람에게 흔쾌히 "감사합니다."라고 말할 수 있는 사람을 보면 멋있다는 생각이 든다. 감사의 마음을 전하고 싶을 때는 "감사합니다."라고 전해야 한다. 반대로 사과를 하고 싶을 때는 "죄송합니다."라고 마음을 담아 정중하게 사과한다. 솔직하게 사과할 수 있는 것도 자신감의 표현이기 때문이다. 인간관계를 넓히는 좋은 기회다.

미국의 심리학자들이 수녀들을 대상으로 언어와 행복의 상관관계에 대해 연구하였다. 긍정적인 의미의 어휘를 많이 사용한 상위 25%의 수녀들 중 90% 이상은 85세까지 장수하고 건강한 삶을 살았다. 반면 긍정적인 의미의 어휘를 적게 사용한 하위 25%의 수녀들 중에는 오직 34%의 숫자만이 생존해 있었다.

이 연구의 의미는 긍정적인 언어 사용 습관이 인간의 사고방식뿐만 아니라 신체 건강과 수명에도 영향을 미칠 수 있음을 보여주고 있다.

나는 사람을 만나면 가장 먼저 상대의 감정을 인정하고, 상대의 잘못을 꾸짖기보다는 문제를 해결할 수 있도록 도와주는 일이 무엇인가, 칭찬할 좋은 특징이 무엇인가를 찾는다. 평상시에 감사할 거리를 찾아 감사표현을 잘하면 쉽게 인맥을 넓힐 수 있다. 내가 외국 속담에서 가장 좋아하는 글귀는 "바보라도 칭찬해 주어라. 그러면 그는 쓸모 있는 사람으로 발전할 것이다."라는 말이다. 그래서 이를 실전하기 위해 "365 감사운동"을 실천하고 있는 것이다. 각각 숫자의 구체적인 뜻은 다음과 같다.

3. 매일 3명씩 칭찬하고 격려하기
6. 매일 6가지의 긍정적인 자아상 확립하기
5. 매일 5가지씩 감사일기 쓰기

고대 철학자인 아리스토텔레스는 '인간은 사회적 동물'이라는 말을 하였다. 즉 타인과의 좋은 관계는 행복한 삶을 사는 데 결정적인 역할을 한다는 의미이다. 타인과 원활하게 소통하고 건강한 관계를 맺는 사람일수록 자기 삶에 만족하며 능력을 최고조로 발휘할 수 있다.

인맥을 쌓고 넓히기 위해서 꾸준히 "365 감사운동'을 실천해 보자. 이 운동을 실천할 수 있도록 매일 감사 일기를 씀으로써 아침부터 저녁까지 하루 종일 감사한 일들로 가득 맺게 된다. 그래서 나는 "365 감사노트"를 기획 제작하여 나누고 있다. 당신도 매일매일 행복해지는 "365 감사운동'의 기적을 경험해 보라.

촌철살인寸鐵殺人

"구시화지문口是禍之門 설시참신도舌是斬身刀"은 처세의 달인으로 불리는 중국 당나라 시대의 재상 풍도風道: 822-954의 설시舌詩이다. '입은 재앙을 부르는 문이요, 혀는 몸을 베는 칼이니 입을 함부로 놀리지 말라'는 의미이다.

공자는 "한마디 말로 나라가 흥하고, 한마디 말로 나라가 망하기도 한다."라고 말했다. 그 역시 번드르르한 말과 진실하지 못한 말, 그리고 실천이 따르지 못하는 말을 하지 말 것을 되풀이해서 강조했다.

"명심보감"에는 무서운 경고의 말이 있다.

"입과 혀는 재앙과 근심의 문이고, 몸을 망치는 도끼이다."

도가道家의 시조인 노자 역시 "말은 많이 할수록 자주 궁해진다."고 하였다. 그는 또 "아는 자는 말하지 않고 말하는 자는 알지 못한다."라고 말했다.

사람들을 감동시키는 힘은 조직이나 회사가 아니라 바로 사람들의 자질과 교양, 태도에 달려 있다. 강한 하드웨어적인 것보다 부드러운 것, 소프트웨어적인 것이 생명력을 더욱 길게 해줄 수 있다.

이솝 이야기

이솝^{aesop}은 기원전^{BC} 6세기 그리스 시대의 노예였으며 우화집 『이솝 이야기』의 작가로 알려져 있다. 어느 날 이솝의 주인이 이솝에게 묻는다.

"세상에서 제일 귀하고 좋은 것이 무엇이냐?"

이솝이 대답했다.

"사람의 혀입니다. 왜냐하면, 혀는 진리와 이성을 표현할 수 있기 때문입니다."

그러자 주인이 다시 물었다.

"그럼 세상에서 가장 나쁜 것이 무엇이냐?"

이솝이 다시 대답했다.

"그것도 혀입니다. 왜냐하면 사람의 혀는 남을 중상하고 모략하는 것으로 사용할 수 있기 때문입니다."

많은 시간이 지나서 주인은 이솝에게 이렇게 지시했다.

"내일 귀한 손님을 위해, 최고의 재료를 써서 최고의 음식을 준비하라."

주인의 지시에 이솝이 준비해온 요리는 놀랍게도 모두 소의 혀를 사용한 것이었다. 주인이 이것이 뭐냐면서 화를 내자, 이솝이 말했다.

"혀보다 좋은 것은 없습니다. 혀는 사랑을 맺어주고, 진리를 전하며 신에 대한 찬양과 경배를 하는 최상의 재료입니다."

이 말을 듣고 화가 난 주인은 내일은 가장 나쁜 재료로 음식을 만들어서 너의 노예들이 먹으라고 지시를 했다. 다음 날 주인이 보니, 이솝이 어제와 똑같은 소의 혀로 음식을 만들어서 노예들이 음식을 먹고 있는 것이었다.

이것을 보고 주인이 화를 냈다. 이에 이솝이 "이 세상에는 혀보다 나쁜 것은 없습니다. 혀는 싸움과 분열의 원인이 되기도 하고 질투의 씨앗이 되기도 하며 온갖 거짓과 모함의 도구가 되기도 하기 때문입니다."라고 말했다.

우리의 혀는 세 치, 고작 약 10cm밖에 되지 않지만은 그 혀로 세상에서 가장 아름다운 표현을 할 수도 있고, 가장 악한 표현을 할 수도 있다.

유능제강柔能制剛

말은 자신과 다른 사람이 듣고 마음과 생각에 변화를 줄 수 있는 힘을 가지고 있다. 어떤 소리를 듣느냐에 따라 그 마음과 생각이 결정되어 행동하게 된다. '유능제강'은 한마디로 부드러움이 강함을 이길 수 있다는 의미이다. 세상 이치로 보면 강한 것이 이길 것 같지만 결코 그렇지 않다. 다음 노자老子의 이야기로 예로 들어보자.

노자가 평소 공경하던 상용 선생이 위독하다는 전갈을 받고 그에게 달려가 마지막 가르침을 청했다. 그러자 노자의 청에 상용이 갑자기 입을 쫙 벌리며 물었다.

"내 이가 아직 있느냐?"

"없습니다."

그러자 상용이 다시 물었다.

"그럼 내 혀는 남아 있느냐?"

"예, 혀는 남아 있습니다."

그러자 잠시 눈을 감고 있던 상용이 노자를 바라보며 말했다.

"그대는 내 말을 이해하겠는가?"

노자가 말했다.

"먼저 단단한 것이 없어지고 부드러운 것이 오래 남는다는 뜻 아닌지요?"

상용이 고개를 끄덕이며 회답했다.

"그렇지, 천하의 이치도 모두 그 안에 있다네."

친절한 말로 덕을 나누고 사랑을 나누는 것. 이런 것은 인간관계를 참으로 풍요롭게 하며 오래가게 한다. 치아는 없어져도 혀는 남는 이유이다. 지혜의 왕이라고 불리었던 솔로몬 왕은 말하기를 '온순한 혀는 곧 생명나무이지만 패역悖逆한 혀는 마음을 상하게 하느니라.'고 하였다.

여기서 '온순한 혀'는 '따뜻한 말', 또는 '따뜻하고 부드러운 말'을 의미한다. 이 따뜻하고 부드러운 말은 치유력healing이 있어 풍성한 결실을 맺도록 한다. 반면 '패역한 혀'는 부정적인 말을 의미하는데 사람의 마음을 상하게 하고 기를 꺾어 버린다. 심지어는 죽이기도 한다.

세 치 혀

일찍이 공자는 말할 때 상대의 상황이나 처지에 맞게 각각 다르게 적용하여 말해야 한다고 강조했다. 공자가 가장 먼저 강조한 말의 핵심 중의 핵심은 배려였다. 말하기 전에 상대방의 입장에서 다시 한 번 생각해 보고 자신이 듣고 싶지 않은 말은 남에게도 하지 말라고 했다.

비유 중에 '말 잘하기는 소진蘇秦 장의張儀로군'이라는 말이 있다.

중국의 춘추전국시대에 뛰어난 말솜씨로 대가大家 자리에 오른 소진과 장의, 즉 언변이 썩 좋은 사람을 비유적으로 이르는 말이다.

- 홀로 오나라로 건너가 단지 말만으로 그들을 동맹국으로 삼은 제갈량.
- 뛰어난 화술로 에스키모인에게 얼음을 판 세일즈 트레이너 톰 홉킨스.
- 청중의 공감을 불러일으키는 연설로 흑인 최초 미국 대통령이 된 버락 오바마.

이들은 모두 '세 치 혀'로 자신이 원하는 것을 이루어냈던 사람들이다. 또한 이 세 치의 혀로 수많은 영웅들을 삼켜버렸고 역사를 바꾸어버렸다.

인간에게 주어진 최고의 무기인 '세 치 혀'.

자신에게 이득을 주는 사람을 끌어들이는 것도, 자신을 그럴듯하게 포장하여 가치를 높이는 것도, 좋아하는 사람에게 다가가 사랑을 고백하는 것도 '세 치 혀'다.

어떻게 하면 이 혀를 조절할 수 있을까?

솔로몬 왕의 말처럼 "대개 그 마음에 생각하는 것이 어떠하면 그 위인도 또한 그러하니", 좋은 생각은 좋아지고, 나쁜 생각은 나빠진다.

남을 좋게 말하는 습관을 양성화해야 한다. 그리고 할 수 있는 대로 그들의 과오와 실수를 보지 말고 장점을 보자. 어떤 사람의 언어나 행동을 비난하려는 생각이 일어날 때에는 그 사람의 생애나 혹은 인격 중에 좋은 면을 찾아 칭찬하고 격려해야 한다.

촌철살인寸鐵殺人

'촌철살인寸鐵殺人'이라는 말이 있다. '한 치의 쇠붙이로 살인한다.'는 뜻이다. 즉 '한 치의 혀로도 사람을 죽일 수 있다.'는 말이다. 또 혀를 찌르는 한마디 말이 수천 마디의 말을 능가한다는 뜻이 담겨 있다.

혀는 우리의 운명을 좌우한다. 성경에서는 말이 우리 인생을 어떻게 좌우할 수 있는지, 타는 말과 배와 불, 이 세 가지를 실례로 들어서 말하고 있다.

달리는 말은 몸무게가 보통 200-300kg이 나간다. 말의 힘을 마력이라고 하는데, 대략 한 마리의 힘을 1마력이라고 한다. 1마력은 75kg의 물건을 1초에 1m씩 끌어 올릴 수 있는 힘을 말한다. 이렇게 큰 힘을 가진 말도 아주 작은 재갈 하나로 제어 할 수 있다.

배에는 배를 조종하는 키가 있다. 키는 큰 배를 원하는 방향으로 일정하게 나아가게 한다. 좌우 회전도 가능하다. 광풍이 불어와도 원하는 방향으로 키를 돌리면 원하는 방향으로 나아간다.

불도 마찬가지다. 작은 불씨가 큰 산 전체를 태우기도 하고 대형빌딩을 태워 버릴 수도 있다.

재갈을 물려 말을 달리게 하고, 키를 움직여 배를 조종하듯, 혀를 통해서 우리는 우리의 운명을 좌우한다. 하지만 세치 혀가 우리 인생 전체를 망칠 수도 있다. 무심코 던진 말이 한 사람의 인생을 망치게 하고 큰 상처를 주게 된다. 그 혀의 가치를 증명해주는 솔로몬 왕의 말이다.

'죽고 사는 것이 혀의 힘에 달렸나니 혀를 쓰기 좋아하는 자는 혀의 열매를 먹으리라.'

혀의 열매를 먹는다는 것은 혀로 말한 결과를 맛보게 된다는 것이다. 우리가 속에 있는 말을 통해 입으로 뱉어버렸으니 나하고 관계가 없다고 생각하면 큰 오산이다. 말이 일단 내 입술을 떠나서 나가면 그때부터 역사하기 시작하는 것이다. 그 말씨는 생명력을 갖고 자라기 시작하면서 몸을 떠난 말은 나의 분신이 되어 또 다른 나의 역사를 만든다. 하지만 반대로 혀를 잘 사용하면 다른 사람에게 유익함과 희망, 용기를 주어 힘 있는 삶을 살게 할 수도 있다. 혀는 상처 나고 할퀸 자국을 치료할 수가 있으며, 흥분해서 성질부리는 것을 누그러지게 할 수가 있고, 낙담한 영혼에게 소망을 줄 수도 있다. 그러므로 혀를 지켜야 한다. 혀에는 날개가 있으며 생명력을 갖고 있다.

세 치 혀 길들이기

혀의 다양한 기능 중에 음식을 씹어 삼키는 맛을 느끼는 기능이 있다.

짠맛은 혀 중간에 있고, 단맛은 끝에, 쓴맛은 뒤 부분에, 신맛은 양 옆에서 느낀다. 이처럼 말을 상황에 따라 적절히 사용할 수 있어야 한다.

한 농부가 현인을 찾아가 자신의 고민을 털어놓았다.

저는 젊은 시절부터 아주 나쁜 버릇이 있는데 제 혀가 제 말을 듣지를 않습니다. 사람을 만나기만 하면 그러지 말아야지 하면서도 혀란 놈이 남의 험담을 시작합니다. 무슨 방법이라도 없겠습니까?

"닭털을 뽑아 봉지에 담아 가지고 뿌리게. 길에도 뿌리고, 논에도 산에도…. 그리고 다시 모아오게."

농부는 현인이 시키는 대로 했지만 부는 바람에 닭털은 사방으로 날아가 버렸다.

"자네가 분별없이 뿌리고 다닌 타인의 흉이나 험담은 마치 저 바람 부는 거리에 뿌려진 닭털과 같네. 다시 주워 담으려고 해도 다시 담을 수 없는 것처럼 한 번 입 밖에 내뱉은 말은 결코 다시 주워 담지 못하는 것이라네."

혀를 제어한다는 것은 마음을 제어한다는 것이다. 말이라

는 것이 결국 마음에서 나오는 것이기 때문이다.

우리는 어떻게 세 치 혀를 제어할 것인가? 다음에서 크게 세 가지로 살펴보고자 한다.

첫째는 성급하게 말하지 말자.

생각하지 않고 감정에 앞서 말하게 되면 실수를 하게 된다. 여유를 가지고 생각하여 말을 하면 말실수를 줄일 수 있다.

둘째는 긍정적인 말을 사용하자.

무슨 말을 하든 부정적인 말보다는 긍정적인 말을 하는 것이 훨씬 좋다. 우리의 생각과 감정을 말로써 표현할 때 그대로 이루어지는 것이 법칙이기 때문이다. 더 긍정적인 말, 더 희망적인 말, 더 행복한 말을 사용하자. 좀 더 겸허하고, 좀 더 인내하고, 좀 더 분별 있는 사랑의 말을 나누어야 한다.

마지막으로 상대가 앞에 있다고 생각하자.

말하는 대상이 지금 내 앞에 있다고 생각하고 말을 하면 진실하게 말을 하게 된다. 누구든 내 대화를 들어도 상관없는 대화인지 생각해보자. 그러면 실수를 줄일 수 있게 된다. 열심히 사는 사람은 다른 사람의 잘못에 대하여 이야기할 시간이 없다. 이렇게 우리는 차차 세 치 혀를 길들이는 것이다.

동서고금을 막론하고 원망이나 불평이나 비판의 말을 하는 사람이 잘되고 성공한 예는 없다. 그래서 세상에서 잘되는 사람은 항상 미소 짓는 얼굴로 긍정적인 격려와 찬사의 말을 아끼지 않는다.

짧고 간결한 말

언젠가 차를 몰고 가다가 가톨릭 성당에 붙은 대형 현수막이 생각나서 아내에게 말을 건넸다.

"성당 담벼락에 현수막이 걸렸는데 '부처님 오신 날을 축하합니다.'라고 쓰여 있던데, 그렇게 말하면 불교 신자들도 천국에 갈 수 있다고 오해하게 만드는 것 아닐까?"

곰곰이 생각해 보니 참으로 촌철살인의 한 마디라는 생각이 들었다.

간단한 말이 핵심을 찌른다. 메시지가 간결할수록 더 강력하다. 간결한 말 한마디는 촌철살인의 힘을 지니고 있을 뿐 아니라 글자 하나하나가 보석처럼 빛난다.

말을 잘하는 사람들의 특징은 길지 않다는 것이다. 짧고 간결한 문장은 한 번만 들어도 뇌리에 새겨지는 힘을 갖고 있다.

길고 장황하면 이해하기도 힘들 뿐더러 듣다 보면 짜증이 나기 십상이다. 또한 말을 길게 하면 자기도 모르게 격앙되기도 한다. 반대로 간결하고 명쾌한 말은 독특한 카리스마를 지니고 청중의 호응을 쉽게 얻을 수 있다.

미국의 유명작가 마크 트웨인이 한번은 교회에 가서 목사의 설교를 들은 적이 있었다. 처음에 그는 훌륭한 설교에 감동을 받아 헌금을 준비했다. 10분 뒤 목사의 설교는 계속되었고, 슬슬 지루해지기 시작한 그는 동전 몇 개만 내야겠다고 생각했다. 다시 10분이 흘렀지만 목사의 설교는 끝나지 않았다. 마크 트웨인은 헌금을 한 푼도 내지 않기로 마음먹었다. 길고 긴 설교가 드디어 끝나고 헌금을 낼 때 잔뜩 화가 난 그는 헌금바구니에서 2달러를 꺼내갔다.

말을 장황하게 늘어놓기보다는 오히려 간결한 몇 마디가 짙은 호소력으로 청중을 설득한다. 생동감 넘치는 비유 하나가 만 마디 말보다 훨씬 낫다.

짧고 간결한 말의 위력 하면 영국의 수상을 지냈던 윈스턴 처칠을 든다.

제2차 세계대전 당시, 히틀러 군대와의 전투에서 여러 번 패배한 영국군은 사기가 땅에 떨어져 있었다. 당시 처칠은 군인들의 사기를 끌어올려 위기에 빠진 나라를 구하기 위해 연설을 하기로 마음먹었다.

처칠은 지팡이를 짚고 모자를 쓴 채 천천히 연단으로 올라갔다. 그는 모자를 벗어 내려놓은 다음 눈앞의 청중을 왼쪽에서 오른쪽으로 천천히 훑어보고 입을 열었다. "포기하지 마라!"

그러고는 다시 오른쪽에서 왼쪽으로 천천히 훑은 다음 말했다.

"포기하지 마라!"

청중은 물을 끼얹은 듯 조용해졌다. 그러나 처칠은 다시 한 번 왼쪽에서 오른쪽으로 고루 시선을 주었고, 더욱 힘찬 목소리로 외쳤다.

"절대로, 무슨 일이 있어도 포기하지 마라!"

그러자 군인들은 뜨겁게 환호하며 서로를 얼싸안았다. 이후 영국군은 히틀러의 공격을 수차례 격퇴했다.

간결한 말은 짧지만 많은 뜻을 품고 있다. 더 정확하게 날아가서 원하는 것을 맞출 수 있다.

명심하자. 짧고 명료하게 자신의 생각을 전달하는 말하기야말로 가장 좋은 효과를 낳는다.

실용적인 실전 훈련법을 소개하고자 한다. 한 번만 들어도 뇌리에 새겨지는 짧은 문장들을 만들어 말을 해보자. 하루에 30개의 짧은 문장을 만들어 다양하게 활용하자. 매일 실천해야 한다.

예를 들어, "보통 사람은 입으로 말하고, 똑똑한 사람은 머리로 말하며, 지혜로운 사람은 가슴으로 말한다.", "대화에 능하면 성공한다.", "절대적인 것은 없고 완벽한 사람도 없다.", "사람을 잘 쓰고 의심하지 말아야 한다."

토마스 에디슨은 "나는 실패하면서 성공에 이르렀다."라고 말했다.

길을 아는 것과 그 길을 걷는 것은 분명히 다르다.

만 마디 말보다 나은 비유의 힘

아인슈타인이 상대성이론을 알기 쉽게 설명해 달라는 요청을 받자 "미인과 함께 있으면 1시간이 1분처럼 느껴지지만 뜨거운 난로 위에서는 1분이 1시간보다 길게 느껴지는 것과 같은 이치이다."라고 비유를 들어 말했다.

말을 잘하는 사람들의 특징 중 하나가 비유를 잘한다는 것이다. 눈에 보이듯 시각적으로 그려지게 말한다. 적절한 비유는 듣는 사람의 주의를 쉽게 끌 수 있을 뿐만 아니라 전달하고자 하는 내용을 보다 쉽고 명료하게 전할 수 있다. 말하고자 하는 바를 청중이 쉽게 이해할 수 있도록 해주는 것이 바로 비유의 힘이다. 그뿐만 아니라 유머를 곁들인 비유는 장내를 웃음바다로 만들어 딱딱한 분위기를 한층 편안하게 만들어주기도 한다.

"척" 하면 "척" 하고 알아듣는 것, 눈치가 빠른 것을 "통찰의 언어"라고 말한다. 언어에서 비유보다 더 알아듣기 좋은 것은 없다고 본다.

비유의 말은 뜻을 가진 명언이나 인용 글귀, 또는 고사 성어 등을 활용하면 더 좋다. 이를 테면 공자의 명언이다.

"아는 것을 안다고 하고, 모르는 것은 모른다고 하는 것이 참으로 아는 것이다."

말을 잘하는 것처럼 보이기 위해 미사여구를 늘어놓거나 전문용어를 남용하는 사람들이 있다. 또 말에 조리가 없고 쓸데없는 말을 많이 섞으면서 말을 반복하는 사람도 있다. 이래서는 실속이 없게 보인다.

무협소설이나 고대 칼싸움의 영화를 보면 고수는 가장 짧은 시간에 가장 빠른 속도로 상대의 급소를 노리고 공격하는 것을 보게 된다. 말을 할 때도 이와 같다. 필요에 충족되는 말을 정확히 짚으면 듣는 사람들은 통쾌하다.

그래서 정곡을 찌르는 말로 상대를 이기는 경우를 흔히 볼 수 있다.

명심하자. 불필요한 말은 줄이고 짧은 말로 핵심을 찔러야 한다.

소통은 마음에서부터 시작된다. 가장 어려운 말은 진실을 말하는 것이다. 그리고 가장 쉬운 것 역시 진실을 말하는 것이다. 최고의 언변가는 용기 있게 진실을 말하고 거짓말과 속임수를 멀리하는 것이다. 성장하는 최고의 비결은 언제나 진실을 말하는 것이다.

다음의 〈실전 훈련〉을 적용해보자. 그렇기 위해서는 아래의 비유 문장을 만들어 상대를 설득하는 훈련을 해본다. 비유 문장을 만들어 보고 하루에 10가지 비유 문장을 만들어 활용하자.

예를 들어 보자.

"남자는 엄지손가락과 같고, 여자는 새끼손가락과 같다."

"시장이 물이고 기업이 배라면 품질은 방향키이다."

"한국은 바다에 사는 상어였고, 일본은 강에 사는 악어였습니다."

"기업 조직에서 실적은 좋지만 협동정신이 없는 사람은 '들개', 인성과 근무 태도는 좋지만 실적이 없는 사람은 '토끼', 실적도 좋고 협동정신까지 갖춘 사람을 '사냥개'이다."

이야기와 실제 사례 나누기

"오늘 신문에서 멍청한 오리 이야기를 읽었습니다. 호수의 수면이 얼면서 갇혀버렸다는군요. 올 겨울이 이렇게 추울 줄 몰랐던 모양입니다. 하지만 거기에 대비한 다른 오리들은 모두 미리 뭍으로 올라갔고 안전할 수 있었죠."

이야기와 실제 사례를 자유자재로 활용하는 능력을 갖추어야 한다.

생동감 넘치는 이야기는 듣는 사람들의 마음을 충분히

감동시킬 수 있다.

버락 오바마 전 대통령의 특징은 습관처럼 자신의 연설 속에 이야기를 끼워 넣었다고 한다.

요즘 대부분은 딱딱한 수업을 싫어한다. 수업조차도 재미있고 흥미가 있어야 한다.

그렇다. 적당한 때에 적절한 이야기를 섞는다면 분위기는 바뀔 것이다. 그래서 팩트fact 보다 스토리story가 더 깊이 파고든다. 말이 단순하지만 우아하고 아름다움이 담겨 있다면 한층 사람의 마음을 파고들 것이다. 전문용어를 사용해 이야기하는 것보다 쉬운 단어와 일상용어로 설명하는 것이 더 좋다. 명심하자. 사람들은 사무적이고 딱딱한 말투를 좋아하는 사람은 아무도 없다. 다음의 말은 짧지만 많은 의미를 담고 있다.

"사람처럼 똑바로 말해라!"

"오만한 병사는 반드시 패한다."

PART 2

언행일치 言行一致

'언품言品'이란 언행이 쌓여 인품이 된다. 사람에게는 인품人品이 있고 말에는 언품言品이 있다. 언품이 쌓여서 인품이 된다.

한쪽 귀가 없는 임금과 시골화가

옛날 어느 나라에 한쪽 귀가 없는 왕이 있었다. 그 왕은 나이가 많아 멀지 않아 세상을 떠날 때가 되었다. 하지만 왕은 평생에 자기의 초상화 한 장도 그려놓지 못했다. 그러던 어느 날, 문득 자신의 초상화 한 장을 후세에 남겨놓고 싶은 욕심이 생겼다. 그리하여 하루는 나라에서 제일 초상화를 잘 그린다는 화가를 불러 자기 초상화를 그릴 것을 명령했다.

첫 번째 화가는 정직하기로 유명한 화가였다. 정성껏 왕의 초상화를 그렸고 거의 한 달 만에 완성할 수 있었다. 마침내 왕에게 보일 시간이 되었다. 많은 신하가 지켜보는 가운데 왕 앞에서 화가가 초상화를 펼쳐 보였다. 정말 화가의 솜씨는 뛰어났고, 마치 화폭에서 왕이 뛰어나올 것 같은 느낌을 가질 정도의 훌륭한 초상화였다. 그런데 초상화를 들여다보고 있던 왕의 얼굴이 점점 어두워지더니 마침내 찡그리고 말았다. 신하들도 덩달아 얼굴색이 변하고 어떤 불호령이 떨어질까 두려움에 쌓이면서 순식간에 어전이 이상한 분위기에 휩싸였다.

평소 자신의 한 쪽 귀가 없는데 대한 핸디캡을 갖고 있던 왕을 알고 있던 신하들은 안절부절 어찌할 바를 몰랐다. 두 주먹을 불끈 쥐고 부르르 떨던 왕의 불호령이 떨어졌다.

"저 화가의 도구를 모두 빼앗고 감옥에 가두어 다시는 그림을 그리지 못하도록 하라!"

결국 화가는 감옥에 갇히게 되었고 아까운 그의 재주는 감옥에서 썩게 되었다.

왕은 다른 화가를 불러 올 것을 명령했고, 이내 다른 화가가 불려왔다. 신하들은 화가에게 지금까지 있었던 일들을 말해 주었고, 화가는 다시 왕의 초상화를 그렸다. 심혈을 기울인 왕의 초상화가 완성되었고 드디어 왕 앞에서 많은 대신들이 지켜보는 가운데 두 번째 초상화가 모습을 드러냈다. 초상화를 본 왕이 소리쳤다.

"당장 저놈에게 곤장을 쳐서 감옥에 가두도록 하라! 정직하지 못한 놈 같으니!"

두 번째 화가가 그린 그림에는 왕의 두 귀가 멀쩡한 것으로 그려져 있었다. 사실대로 그리지 않은 화가에게 왕은 화가 났던 것이다.

다시 왕은 다른 화가를 불러올 것을 명령했다. 그러나 나라 안에 이미 왕의 초상화로 인하여 두 화가가 감옥에 갇혔다는 소문이 파다한지라 화가들이 꼭꼭 숨어버려 찾을 수가 없었다. 할 수 없이 대신들은 큰 상금을 걸고 왕의 초상화를 그려줄 화가를 찾게 되었고 그렇게 일 년이 지났다. 왕의 성화는 이만저만이 아니었습니다.

"내 초상화를 그릴 화가 하나를 못 찾는다는 것이냐?"

신하들의 근심이 날로 커 가기만 했다. 그러던 어느 날 허름한 모습의 노인 하나가 왕 앞에 나타났다.

"제가 그려 보도록 하겠습니다."

노인이 다시 왕의 초상화를 그리게 되었다. 그러나 신하들의 근심은 끝나지 않았다. 또 어떤 트집을 잡아 저 노인을 감옥에 가둘까 하고 걱정이 되었던 것이다.

마침내 한 달이 지나고 여러 신하와 왕 앞에 노인이 그린 초상화가 그 모습을 드러냈다. 초상화를 보고 있던 왕의 얼굴이 환하게 밝아왔다. 대신들도 얼굴빛이 환해졌다.

"저 노인에게 후한 상금을 내리도록 하라!"
왕은 대만족이었다.

이 노인이 그린 초상화에 그려진 왕은 환하게 웃고 있는 왕의 옆모습이 그려져 있었다. 물론 그려진 귀는 온전한 귀였다. 노인 화가가 왕의 얼굴 측면을 그리게 된 것은 왕의 밝은 쪽을 보았으며 또한 왕의 아픈 곳을 감싸줄 줄 아는 배려가 있었기 때문이다.

우리가 사람의 어떤 면을 보느냐에 따라 사람이 달라진다. 그 사람이 가지고 있는 것을 가운데 무엇을 보았느냐에 따라 내게 그 사람이 좋은 사람이 될 수 있고 나쁜 사람이 될 수 있다. 사람은 누구나 장단점을 가지고 있기 때문이다.

누군가의 잘못된 것을, 또 누군가의 아픈 곳을 눈감아 주는 일은 참으로 가장 아름다운 모습이다.

우리는 많은 사물과 사람을 대하면서 산다. 때로는 상대방의 약점, 단점도 보인다. 하지만 시선을 자신에게 돌려보면 남에게 있던 단점, 약점이 자신에게도 있음을 곧 발견한다. 다른 사람의 약점, 단점을 인정하고 포용하는 자세가 건강한 사회를 만드는 첩경이 아닐까 한다. 좀 더 나아가 상대의 부족한 면, 약한 점, 단점을 서로 보완하고 보충해 준다면 서로의 발전을 위해 좋은 일일 것이다. 특히 우리는 "다름"과 "틀림"을 혼동하는 예가 너무 많다. 나와 다르다고 해서 틀린 것은 아니다. 누구에게나 한 가지 이상 장점이 있고 잘하는 것이 분명 있기에. 잘하는 면, 장점을 발견하고 그것을 인정하며 북돋아 주는 하루하루가 되었으면 한다.

삼사일언三思一言

언어는 자력磁力과 같다. 말속에 어떤 기운을 담느냐에 따라 그 말에 온갖 것들이 달라붙는다. GE의 전 회장이었던 잭 웰치가 그렇게 강조했던 리더십의 첫째 덕목이 바로 '솔직한 표현'이다. 비록 내가 부하로부터 인기를 좀 잃더라도, 나의 지시로 인해 부서원 간에 갈등이 생길지라도, 리더라면 할 말은 해야 한다는 게 잭 웰치의 지론이다.

부하에게 자극을 주지 못하는 상사는 리더가 아니다. 갈등관리에서도 마찬가지다. 솔직한 대응, 문제에 대한 직면이 모든 갈등 해결의 시작이다.

말은 인격이다. 그래서 말 한마디라도 신중하게 헤아린 뒤 말을 내뱉어야 한다. 왜냐하면 말은 곧 그 사람의 인격을 드러내기 때문이다. 사자성어에 보면 "삼사일언三思一言"이라는 글귀가 있지 않은가. '모름지기 세 번 생각한 다음 말하면 실수와 화를 면할 수 있다.'라는 의미이다. 또 노자의 글귀가 문득 생각난다. 도덕경에 나오는 "다언삭궁 불여수중多言數窮

不如守中"이다. 이는 '말이 너무 많으면 궁지에 몰릴 수밖에 없으니, 오히려 말없이 자신의 자리를 지키는 것이 낫다.'라는 의미이다. 또 우리 속담 중에도 "모든 화는 세 치 혀끝에서 비롯된다."라고 하였다.

말은 크게 3가지 형태로 유지되어야 한다. 먼저 말은 머리와 가슴에 담아 두고 입 밖으로 내지 않는 것이 최선이고, 차선은 말을 하더라도 꼭 할 말을 잘 골라 하는 것이다. 그다음은 말을 하면 반드시 행동으로 실천하는 언행일치가 되어야 한다는 것이다.

한 사람의 인격人格을 나타내며 수준이나 등급을 의미하는 한자로 '인품人品'으로 쓰인다. "품品"은 "입구口"가 세 개 모여 이루어졌다. 즉 말이 쌓이고 쌓여 한 사람의 인품(사람의 품격이나 됨됨이)이 된다는 것을 알 수 있다. 그래서 말 한마디에서도 마음의 소리, 그 사람의 체취, 고유한 향香이 뿜어져 나온다.

사람들에게는 저마다 나름대로 인품의 미가 은은히 향을 낸다. 인품은 그 사람의 교양과 연관이 되어 있는데, 특히 언품에 의해 비추어진다. 그 인품의 미美는 대개 천성적이라기보다 후천적인 것이다. 그래서 누구나 자신을 잘 다듬으면 아름다움으로 나타낼 수 있다. 육체의 미는 쉽게 지루함을 가져다주지만 인품의 미는 쉽게 퇴색하질 않는다.

'언위심성言爲心聲'이라는 사자성어가 있는데, 이는 '감동을 주는 말은 화려한 어휘와 현란한 화술로 치장하는 말이 아니라 말속에 진심이 담긴 말이다.'라는 의미이다. 즉 말은 마음의 소리이다. 그러므로 가족이나 친구에게 상처를 주었다면 마음에서 비롯되는 울림으로 치유해 보자.

언행일치 言行一致

언言과 행行의 간극이 크면, 신뢰를 얻을 수 없다.

미술기법에 보면, 데칼코마니는 어떤 무늬를 종이에 찍어 얇은 막을 이루게 한 뒤 다른 표면에 옮기는 회화기법이다. 즉 종이 위에 물감을 바르고 겹쳐 압착했다가 떼어내면 다양한 무늬가 나타난다.

반대편 도화지에 똑같이 그림이 묻어나듯 말과 행동에 차이가 없는 것을 '언행일치言行一致'라고 말한다. 행동은 말을 증명하는 수단이며, 말은 행동과 부합할 때 비로소 온기를 얻는다. 언행이 일치할 때 사람의 말과 행동은 강인한 생명력을 얻는다. 상대방의 마음에 더 넓게, 더 깊게 자리를 잡는다.

공자의 〈논어〉에 보면, "선행기언이후종지先行其言 而後從之"라는 말이 나온다. "먼저 행하라. 말은 그 행함을 뒤따라가게 하며 족하다."는 뜻이다. 말과 행동의 괴리가 없어야 함을 강조한 것이다.

삼성경제연구소는 경영자 대상의 회원 388명에게 불황기에 지켜야 할 조직 관리의 지침을 물어본 결과, 가장 많은 사람들이 '무실역행 원칙'을 제시했다고 밝혔다. 이는 도산 안창호 선생의 '무실역행務實力行'의 가르침이다. 여기서 '무실'은 '참되게 힘쓰자.'는 것이다. '역행'은 '뒤로 미루지 말고 현재에 충실히 하자.'는 의미이다. 즉 실행의 중요성을 강조하는 것이다.

그렇다. 말과 행동 사이의 간극이 지나치게 크면, 예나 지금이나 조직생활과 인간관계에서 큰 손해를 입게 된다. 한 대기업 전자분야 임직원 3,000명을 대상으로 설문조사를 했다. 어떤 동료와 일하고 싶은지 물어봤더니, 약 60%가 '번지르르한 말이 아닌 행동으로 보여주는 동료'라고 했다. 이른바 '언행일치족族'을 선호한다는 의미이다. 반면 함께 일하고 싶지 않은 유형 1위는 "말과 행동이 다른 동료"였다.

구체적인 행동을 취하지 않으면서 매번 '나중에 할게.' 하고 '호언장담'하는 동료를 누구도 신뢰할 수 없다는 것이다. 혹시 내가 '언행불일치족'은 아닌지 되돌아보자. 약속約束을 글자 그대로 '약속하고 묶는다.'는 뜻이다. 약속은 신뢰로 가는 징검다리이다. 작은 약속을 지키고 실행해야만 사람과 사람 사이에 신뢰가 형성되기 때문이다.

　필자가 알고 지내는 지인은 참으로 위력적이었다. 그분의 말에는 권위가 있었다. 그 말엔 특별한 말이 없었는데, 누구나 할 수 있는 평범한 말이었다. 그런데 그 말에는 무슨 특별한 기운이 서려 있었다. 거부할 수 없는 설득력이랄까, 누구나 쉽게 해 왔던 말, 싫도록 들었던 말, 그런데 그 말이 많은 시간이 지났음에도 불구하고 여전히 나의 마음에 꽂혀 사그라지지 않는 여운을 발산하고 있다.

　"그래도 참 잘했습니다.", "오늘 와주셔서 정말 행복합니다.", "사랑합니다.", "고맙습니다."

　대관절 이런 그의 권위는 어디에서 오는 걸까? 흔히 사람들은 이구동성으로 말한다. "언행일치言行一致"라고. 이는 말에 대한 신뢰성을 더욱 높여 준다.

　진정한 말의 권위는 행동이 언어를 압도할 때 발산하는 것이다. 먼저 행동으로 상대를 매료하고 말은 가급적 짧고 쉽고 명쾌하게, 아무리 잘나고 높은 직위를 가졌다 할지라도 말이 그럴싸해도 자기가 한 약속을 지키지 않고 언행일치가 되지 않는 사람이라면 높은 점수를 줄 수 없다. 또한 말이 지나치게 많으면 실언失言할 가능성이 높다. 그러므로 단어와 문장을 충분히 발효시키고 숙성되도록 한 후 입 밖으로 조심스럽게 꺼내놓아야 한다.

사자성어에 보면 '단단익선短短益善'이라는 말이 있는데, 즉 '짧으면 짧을수록 좋다.'는 의미이다. 대화술에도 '2S'가 있다. 간결short과 세심sensitive이다. 복문보다 단문을 통해서 자기 생각을 효과적으로 드러낸다. 무조건 많이, 길게 말해야 유리할 거라고 믿는 것이 '다다익선多多益善'이다. 그런 식의 어투는 오히려 역효과를 가져올 때가 더 많다.

이청득심

설득시키는 언변력을 위해서는 우선 잘 들어야만 한다. 대화법의 기본공식을 짧게 얘기하면, 한 번 말하고 두 번 듣고 세 번 맞장구를 친다. 옛말에 '이청득심以聽得心'이라 했다. 이는 '진심으로 귀를 기울이면 사람의 마음을 얻을 수 있다.'는 말이다. 따라서 잘 말하기 위해서는 우선 잘 들어야 한다. 그것이 라이벌의 말이라도 귀담아들어야 한다. 상대와 다투지 않고 마음을 얻는 가장 좋은 방법은 듣는 것이다. 귀를 내어주고以聽 가슴으로 들어야 사람의 마음을 얻는다得心. 요컨대 '이청득심以聽得心'이다.

여기 청聽 한자를 풀이해보면, 꽤 심오한 메시지를 갖고 있다. 귀 '이耳', 왕 '왕王', 열 '십十', 눈 '목目', 마음 '심心'으로 이뤄진 한자인데, 그 뜻이 가볍지 않다.

'임금처럼 귀를 기울이고 사람을 바라보면 마음을 얻을 수 있다.'는 의미다.

그렇다. '경청'이야말로 상대의 마음을 얻을 수 있는 가장 강력한 대화의 기술이다. 차분히, 진심으로 들어야 상대의 마음을 여는 열쇠도 얻을 수 있다. 살아 보니, 삶의 지혜는 종종 듣는 데서 비롯되고 삶의 후회는 대개 말하는 데서 비롯된다는 것을 알 수 있었다.

경청이야말로 상대의 마음을 얻을 수 있는 가장 강력한 대화의 기술이다.

언품言品

어릴 적 집집마다 대문에 '개 조심'이라고 크게 써 붙인 경고 문구를 쉽게 볼 수 있었다. 이제는 '말조심'이라는 문구를 써 붙여야 할 듯하다. 싸움과 갈등, 그리고 분열의 원인을 살펴보니 모두 말 때문이었다. 진짜 자나 깨나 '말조심'과 '생각 조심'을 해야 할 때이다. 그래서 우리 속담에 보면 "가는 말이 고아야 오는 말이 곱다."라는 말이 있다. 또 '말 한마디로 천 냥 빚을 갚는다.'는 의미도 있다.

중국 최고의 사상가 공자도 "흰 구슬에 생긴 흠은 갈아 없앨 수 있지만, 내 말에 묻은 티는 닦을 수 없다."는 가르침을 주고 있다. 중국의 대표적인 역사책으로 불리는 하나인

「전당서全唐書」의 '설시舌詩' 편에도 입과 혀의 중요성을 제시하고 있다.

"입은 재앙을 불러들이는 문이며, 혀는 곧 몸을 자르는 칼이다."의 '구시화지문口是禍之門, 설시참신도舌是斬身刀'라며 '입조심'을 경계했다. 그렇다. 인간의 모든 행복과 불행이 입에서, 곧 우리의 말에서 시작된다고 해도 과언이 아니다. 그래서 옛 사람들도 '입조심'을 가장 경계하고 조심할 으뜸으로 삼았다.

사실 말 한마디가 사람을 살리기도 하고 죽이기도 한다. 이는 사람에게는 인품人品이 있고 말에는 언품言品이 있기 때문이다. 말을 연구하는 한 사람으로서 말이 세상을 지배하고 있음을 알고 있다. 지금은 말하기가 개인의 경쟁력을 평가하는 잣대가 된 지 오래다. 그래서 말솜씨가 좋은 사람은 매력 있는 사람으로 통용된다. 좌중을 들었다 놓았다 하는 달변가들은 물질적 부富까지 얻고 있다. 그런데 이들이 모두 말을 잘할 수 있었던 요인을 보면 '말하는 기술'을 갖추었다는 것이다. 한국의 양궁 선수들을 가리켜 '양궁의 신神'이라 불린다. 그러한 결과는 모두 피나는 연습과 훈련 덕분이라고 말한다. 절대 우연히 선천적으로 주어진 능력이 아니라는 의미다.

호감 가는 화술, 이기는 말솜씨, 유창한 발표력 등은 천성적인 것보다는 자란 환경이 그 사람의 언어생활을 결정짓는다. 즉 후천적으로 습득한 기술인 것이다. 실제로 많은 사람들이 화술(스피치, 설득) 때문에 고민을 한다. 또 타인에게 호감을 주는 사람이 되고 싶어서, 꼬인 문제 해결이나 더 나은 인간관계를 위해서도 말씨와 말투를 호감형으로 바꾸려고 한다. 사실 사람의 마음을 사로잡는 말의 유창함을 갖추면 일의 성과와 업무 실적도 점점 상승한다. 그래서인지 많은 사람들이 말 잘하는 호감형 사람들이 되기를 바란다.

우리들 주변에 왠지 함께 하고 싶은 사람은 어떤 사람인가. 아마도 얼마 동안 대화를 나누어보면 설령 외모가 잘생겼더라도 그 사람에 대한 비호감을 가지게 된다. 반면 외모는 별로지만 처음 만났지만 호감도 높아져서 계속하여 관계를 하고 싶어지기도 한다. 이러한 차이가 무엇이라고 생각하는가? 상대를 대하는 말씨와 말투에서 결정지어진다. 그렇다. 처음 갖는 자리든, 정규적인 만남이든 먼저 상대를 우선시하고 상대를 알려고 애쓰는 사람이다. 즉 상대를 이해하는 것을 우선시하고 관심을 갖는 것이다. 한마디로 질문자가 되는 것이다. 질문자란 상대의 말에 맞장구를 치거나 동의를 하면서 이야기를 이끌어내는 사람이다. 이런 소통의 관계는 호의를 갖게 된다.

자신의 의견이나 생각을 먼저 내놓지 말고 상대에게 관심을 갖고 질문하는 것이다. 그리고 상대의 말에 핵심적 내용(키워드)을 요약하여 '되풀이법'으로 대화를 진행해 나아간다. 여기에 상대와의 심리적 언어를 사용할 수 있으면 좋겠다. 이를테면 아래와 같다.

A: 가을에 열매 맺는 밤은 정말로 먹음직스럽습니다. 사실 저는 밤을 정말로 좋아합니다.
A: 그런데 요즘은 밤의 맛이 예전 같지 않아요.
A: 그래서 최근에는 밤을 사서 먹기보다는 밤 산을 찾아 산책하거나 밤 줍기를 더 좋아하는 것 같아요.

한 어머니가 간디 선생님에게 아이를 데리고 와서 부탁을 했다.

"우리 아이는 사탕을 너무 좋아합니다. 선생님의 한 마디면 사탕을 먹는 것을 끊을 거라고 하네요. 제 아이에게 사탕을 먹지 말라고 한 마디만 해주세요."

간디는 어머니의 부탁에 한 달 후에 다시 오라는 말만 남기며 되돌려 보냈다. 아이와 어머니는 한 달 후에 다시 간디를 찾았다.

"간디 선생님, 이제 우리 아이에게 사탕을 먹지 말라고 얘기해 주세요."

"그러면 이제 한 달만 더 있다 오세요."

한 달이 더 지나고 두 달째가 돼서야 간디 선생님은 말했다.

"애야, 사탕을 먹으면 치아가 썩는단다. 그리고 건강에도 좋지 않아. 그러니 사탕을 끊으렴."

아이가 "네" 하고 대답을 했다. 어머니는 기다리게 한 만큼 특별한 말을 해주리라 기대했는데 간단한 한마디로 끝나자 왜 두 달을 기다리게 했는지 간디 선생님에게 물었다. 그러자 간디 선생은 대답했다.

"사실은 내가 사탕을 너무 좋아해서요. 그래서 내가 먼저 사탕을 끊고 얘기하려고 했는데, 한 달 만에 끊어지지 않아서 두 달이 걸려서, 이제서 얘기할 수 있었습니다."

참으로 감동적인 이야기다. 자신의 언품에 책임을 지는 간디의 모습이다.

평상시에 사용한 말에 대해 책임을 지려는 모습이다. 말의 진정성을 의미한다. 말은 자력磁力과 같다. 말속에 어떤 기운을 담느냐에 따라 그 말에 온갖 것들이 달라붙는다.

천금 말씨

'말투'란 탈무드에 보면 '물고기는 언제나 입으로 낚인다. 인간도 역시 입으로 걸린다.'라는 말이 있다. 명심보감 언어편에 보면 '입과 혀는 재앙과 근심의 문이요. 몸을 망치는 도끼다.'라는 말도 있다. 얼마나 말이 위력적인지를 알 수 있는 글귀들이다.

세계적인 문호 셰익스피어도 "인생을 망치지 않으려면 자신의 말에 신경을 써야 한다."라고 말했다. 이와 같이 말은 큰 영향력을 가지고 있기 때문에, 우리는 언제나 말을 잘 선택해서 사용해야 된다.

말의 명장

정성 어린 호칭 한마디가 사람이 기분을 살린다. 나이가 많은 노인들이라 할지라도 은퇴 전에 사용하던 직함이나 호칭을 선호한다고 한다. 이를테면 '할아버지', '할머니'가 아니라 '박 선생님', '박 회장님', '김 점장님', '최 교수님', '강 박사님', '정 부장님'처럼. 즉 '선생님', '사장님'같은 호칭을 붙여주는 것이다. 적절한 호칭 한마디가 한 사람의 목숨과 인생, 조직과 사회를 바꿔놓을 수 있다.

세상에는 빈말이 없다. 그냥 무심코 던진 말로 사람을 쓰러트리기도 하고, 그 쓰러트린 사람을 일으켜 세워 주기도 한다. 이는 말에 힘이 있다는 것이다.

고대 최초의 의사였던 히포크라테스는 이런 말을 남겼다.

"의사에게는 세 가지 무기가 있다. 그 첫째는 말이고, 둘째는 칼이고, 셋째는 약이다."

이는 말이 칼보다 그리고 약보다 더 강력하다는 것을 의미하는 것이다. 저녁에 집에 들어서는데, 자녀가 나와서 인사를 했다.

"아빠, 최고예요!"

아침에 출근하는데, 아내가 남편을 세우더니 말했다.

"당신을 만나서 행복해!"

회사에 출근했더니, 갑자기 사장이 불러서 말한다.

"어제 힘든 일을 해냈다니 정말 훌륭해요!"

이처럼 마음으로 전달되는 한마디 말이 우리의 삶을 새롭게 바꾸어 버린다.

싸움과 분열, 갈라짐과 상처 등의 원인을 보면, 한마디로 진심과 배려가 빠졌기 때문이다. 더욱 놀라운 사실은 말에는 치유력이 있다는 것이다. 그래서 '나는 건강하다.', '다 나았다.', '아프지 않다.'고 말하면 그대로 이루어지는 치유의 힘을 가지고 있다. 즉 좋은 말에는 치유해주는 파동이 나온다. 말의 명장들은 바로 이 원리를 알고 실생활에 이러한 위력적인 말을 사용한다.

'좋은 말'이란 어떤 것인가?

나는 이를 다음의 세 가지로 말한다. 첫째가 내용이다. 둘째가 기쁨이고 셋째가 감동이다. '세상에서 가장 먼 길은 말이 심장까지 가는 길이다.'라는 말이 있다. 그래서인지 요즘 말을 잘해야 살아남는다.

인간과 동물은 다르다. 인간은 사랑한다는 말을 다양한 언어로 표현하지만 동물은 소리로 표현한다. 분명 언어는 인간만이 가지고 있는 특권이다. 그래서 말에도 철학이 있어야 한다. 철학이 담겨지지 않은 말은 감동이 없기 때문이다. 제아무리 빛나는 금 그릇이라 하여도 무엇이 담겨 있느냐가 중요하듯이 말이다.

사람들이 나에게 가장 많이 묻는 것이 '어떻게 하면 말을 잘할 수 있냐?'이다. 대답은 이렇다. 말을 할 때 향을 내라는 것이다. 향기 나는 말은 적까지 내 편으로 만들고 불통까지 소통으로 만든다. 나의 말이 향기 나는 말이 되기 위해서는 논리적인 것보다는 감정을 건드릴 수 있는 울림(느낌)의 말이

어야 한다.

"… 그날 나는 친구에게 딱 한 마디를 건넸다. 그로부터 한 달 뒤 친구는 내 말이 참 힘이 되었다고 말했다."

그렇다. 상대의 감정을 고려하지 않은 말은 답답함만 증폭시킨다. 무릇 세상에는 뜻만 있는 것이 아니라 느낌이 더 많다. 배설하듯 말하지 말고 상대와 느껴가며 말하자. 말하는 것은 기술이지만 느낌을 주고받는 것은 예술이다.

보통 말을 시키면 보통은 '할 말이 없다.'고 한다. 할 말이 왜 없을까 생각해보니 말을 묶어놓았기 때문이다. 말이 길을 걸으면 할 말이 많아지게 된다. 감동적인 깊은 말은 어디에서 나올까? 대부분은 자신의 경험에서 나온다. 경험에서 나온 말은 질감이 다르다. 중국을 통해 백두산을 직접 다녀온 사람이 말하는 것과 책을 통해 아는 사람이 말하는 백두산의 느낌은 전혀 다르다.

감동을 주는 말은 논리적이고 문법적으로 완전하고 완벽한 말이 아니라 실수할 수도 있고 틀릴 수도 있다. 그리고 몰라서 물을 수도 있다. 거기에 진심을 담아 말을 한다. 이것이 말을 잘하는 방법 중 하나이다. 가수들은 절대로 한 곡의 노래를 부를 때도 일정한 톤으로 부르지 않는다. 왜 그럴까? 사람을 감동시키려면 톤을 달리해야 한다. 그러므로 말에서 강약, 리듬, 템포, 쉼 등은 매우 중요한 기술이다.

천금 말씨

3천 년 전, 이스라엘 제2대 왕이며 지혜의 왕이라 불리는 솔로몬의 지혜서 말씀이다.

"사람은 입에서 나오는 열매로 말미암아 배부르게 되나니 곧 그의 입술에서 나는 것으로 말미암아 만족하게 되느니라. 죽고 사는 것이 혀의 힘에 달렸나니 혀를 쓰기 좋아하는 자는 혀의 열매를 먹으리라."(잠언 18:20-21)

어느 날 기자가 세상에서 최고의 부자인 마이크로소프트사 창업자 빌 게이츠에게 물었다.

"세계 제일의 갑부가 된 비결은 무엇입니까? 성공의 비밀 말입니다."

누구나 그가 부자가 된 비결에 대해 무척 궁금한 것은 당연한 일이다. 기자는 특별한 대답이 나올 것이라고 생각하고 귀를 쫑긋 세워 주목하고 있는데, 그의 대답은 그리 특별하거나 긴 얘기가 아니었다.

"나는 날마다 스스로에게 두 마디 말을 합니다. 하나는,

'오늘은 큰 행운이 나에게 있을 것이다.' 두 번째는, '나는 뭐든지 할 수 있어.'라는 말이지요."

그의 말의 가치를 보라.
"말에는 창조의 힘이 숨어 있다. 원하는 것을 말하고 또 말하라."
플로랑스 스코벨 쉰Florence Scovel Shinn의 명언이다.
"삶은 부메랑이다. 우리의 생각, 말, 행동은 언제가 될지 모르나 틀림없이 되돌아온다. 그리고 정확하게 우리 자신을 그대로 명중시킨다."
그렇다. 말은 부메랑이다. 내가 하는 생각과 말과 행동들이 해버리고 나면 사라지고 잊어지고 기억나지 않는 것이 아니라 다시 나에게도 돌아온다. 즉 별 의미 없이 해버렸던 말과 행동들, 의미 없이 했던 생각과 언행이 다시 돌아와 나에게 행복과 상처를 줄 수도 있다. 그러므로 언제나 말과 행동, 생각을 신중하고 신중하게 해야 하는 것이다. 이 부메랑의 원리를 당신의 삶에 적용해보자.

솔로몬 왕의 지혜

자기 암시법의 창시자인 프랑스 약사 에밀쿠에는 "세상이 무엇인지가 중요한 것이 아니라, 세상이 내게 어떻게 보이는

가가 중요하다."고 강조하면서 만나는 환자에게 다짐을 시켜서 수많은 사람들의 몸과 마음을 치료하였다.

"나는 날마다, 모든 면에서, 점점 더 좋아지고 있다Day by day, in Every way, I am getting better and better."

내가 성경에서 가장 크게 영향을 받은 말씀이 있다면 아마도 다음의 말씀일 것이다.

"너희 말이 내 귀에 들린 대로 내가 너희에게 행하리라."

이 한 구절이 내 인생을 송두리째 바꾸어 놓았다. 이 말의 원리를 삶에 적용해 보라. 기적은 기본이고 완전히 인생역전이 일어날 것이다.

말에는 정말로 크게 둘로 나누어 보면, 죽이는 말, 살리게 하는 말의 힘을 지니고 있다. 꼭 기억하자. 말은 흥하게 하고, 망하게 하는 마법과도 같은 놀라운 힘을 가지고 있다. 그리고 성공과 실패를 좌우하는 열쇠이기도 하다.

솔로몬 왕은 자신의 지혜서에 "선한 말은 꿀 송이 같아서 마음에 달고 뼈에 양약이 되느니라."라고 말하고 있다.

여기서 '선한'은 고대 히브리어로 '노암'인데, 이 단어는 '기쁨을 주는', '아름다운', '친절한', '은혜로운' 등의 의미가 있는 선한 말이다. 선한 말은 마음을 즐겁게 하며 치료하고 밝게 해준다. 반면 "근심이 사람의 마음에 있으면 그것으로 번뇌

하게 되나 선한 말은 그것을 즐겁게 하느니라."라고 하였다.

즉 선한 말은 마음을 즐겁게 하며 뼈에 양약이 된다는 것이다. 그리고 "뼈를 낫게 한다."고 솔로몬은 말한다. 다 알다시피 뼈의 중요한 역할은 조혈 기능에 있다. 뼈는 피를 만드는 공장이기도 하다. 선한 말은 이 피를 만드는 공장인 뼈를 치료한다. 또한 솔로몬 왕은 "입을 지키는 자는 자기의 생명을 보전하나 입술을 크게 벌리는 자에게는 멸망이 오느니라."고 기록했다. 즉 마음을 다치게 하는 고통스러운 말은 쉽게 나온다는 것이다.

솔로몬 왕은 부정적인 말들을 긍정적인 말들로 바꾸라고 명령한다. 누군가 다른 사람에 대해 뜬소문을 떠들어대고 있으면 한 몫 거드는 대신, 그 사람의 좋은 점을 알려주라고 말이다.

KISS 기법

공자의 〈논어〉 위령공편에 보면 공자의 가르침 중에 "말은 뜻을 전달하면 그만이다."라는 말이 있다. 이는 겉모습도 중요하지만 본질이 더 중요하다는 것을 의미하는 것이다. 미사여구로 상대방의 마음을 끌고 싶어 교묘한 말과 말을 꾸미려고만 한다면 가식적인 모습이 읽히게 된다. 똑 핵심을 짚지 못하는 말은 상대를 지루하게 한다. 상대에게 신뢰를 얻지 못한다. 지나친 의욕으로 말을 하면 일을 그르칠 수 있다. 그 기교가 지나치거나 진실을 벗어나면 오히려 기대하지 않았던 결과를 얻을 수 있다.

사람들의 마음을 얻고 설득력이 뛰어난 사람들을 유심히 보면, 그들은 당당하고 자신이 있는 사람일수록 말이 짧고 간결하며 힘이 넘친다는 것을 발견할 수 있었다. 당연하다. 뭔가 준비가 덜 되고 자신감이 없을 때에는 말이 힘이 없고 지루하게 중언부언重言復言한다. 말의 모든 기교를 익히는 목적은 내용의 핵심을 전달하기 위함이다. 핵심이 먼저고 그 다음이 기교이다. 핵심의 뜻을 전하고 기교를 발휘하여 설득하는 것이다. 그래서 자신 있는 사람들, 말을 힘 있게 하는 사람들은 모두 말이 간결하고 짧다는 것이 특징이다. 짧고 핵심적인 말을 한다. 말에는 진심이 담겨 있어야 한다. 그래야 듣는 사람의 마음을 움직인다. 상대방에게 관심을 기울이고 있다가 가장 적절한 핵심의 말을 하면 사람들의 마음을 움직일 수 있다. 상대방의 입장에서 생각하고 행동하는 맹자의 '역지사지易地思之'의 자세가 중요한 것이다. 따라서 말을 잘한다는 것, 그것은 화려한 말솜씨가 아니라 진심이 담긴 말, 즉 상대방이 가장 듣고 싶은 말을 하는 것이다.

말의 기교 중에 "KISS Keep It Short & Simple 법"이라는 기법이 있는데, 이는 짧고 명확하게 자신의 생각을 전달하는 기술을 말하는 것이다. 요즘 모든 대화법의 특징이 쉽게 짧고 간결하다는 것이다. KISS 대화법을 잘 구사했던 대표적인 인물이 애플의 창업주였던 스티브 잡스이다. 그는 스탠퍼드 대학에서 했던 졸업 축하 연설 중에 "항상 갈망하라, 바보처럼 우직하라Stay hungry, stay, foolish"라는 말 한마디로 사람들의 마음을 움직였다. 짧지만 강력했다.

그렇다. 사람들 앞에서 말을 할 때 항상 짧고 강력하게 얘기해야 한다. 어느 순간, 순발력 있게 풍부한 어휘력을 선택하여 쉽고 간결한 말로 핵심을 정확하게 짚어 말한다. 설명이 길고 '중언부언重言復言'하고, 구구절절 설명해서는 단순하고 간결하게 말하는 사람을 이길 수 없다. 준비와 자신감이 가득한 사람은 간결한 말로 풀어낸다.

심리학적 용어로 엘리베이터 효과가 있다. 상대가 5층에 있다면 나도 5층에서 말을 해야 하는 것이다. 상대가 1층에 있는데 나는 10층에 있다면 제대로 내 말을 전달할 수 없다. 이 말의 의미로 맹자孟子의 '이루편離婁編'에 보면, '역지사지易: 바꿀 역, 地: 땅 지, 思 :생각할 사, 之: 갈 지'라는 말이 나오는데 이는 처지를 바꾸어서 생각하라는 말이다.

쿠션 언어

'쿠션 언어'란, 말도 얼마든지 말랑말랑하고 폭신폭신한 쿠션처럼 활용할 수 있다. 즉 상대방의 고민과 아픔을 미리 헤아리고 그 부분을 어루만져 주는 말이 쿠션 언어다. 상대방을 충분히 배려해 주는 말이다.

말의 중요성은 아무리 강조해도 지나침이 없다. 명심보감에는 "입과 혀는 화와 근심을 불러들이는 문이고 몸을 망치는 도끼와 같다."고 경고하고 있다.

이별연습

나는 항상 학생들에게 반복하여 전한다. 버스를 타도 운전기사에게 먼저 '고맙다.'는 표현을 하라고 한다. 엘리베이터 안에서 누구를 만나든 먼저 반갑게 '안녕하세요.' 하고 인사를 해야 한다고 가르친다. 식당에서 마주하는 모든 분들에게도, 커피를 주문받는 아르바이트생에게조차도 먼저 '감사합니다.' 하고 인사할 것을 가르친다.

제자 중 한 분인 황병관 회장님은 '고맙다.', '감사하다.'라는 친절의 말을 입에 달고 생활하신다. 그렇다 보니 사람을 만나는 것이 기분이 좋아 늘 얼굴에 싱글벙글 밝은 표정을 지니고 있다. 아주 친절한 태도를 보이신다. 만나는 사람을 모두 사랑의 대상으로 보기 때문이다.

우리도 사람을 사랑받기 위해 태어난 가치로 보아야 한다. 나는 언제가 그 회장님에게 "회장님은 어떤 장소든 누구를 만나든 그렇게 친절하게 사람들을 사랑스럽게 대하는 이유가 무엇인가요?"라고 물은 적이 있다. 그에 대해 회장님은 "나를 만나는 사람들이 나 때문에 행복했으면 좋겠습니다. 그리고 이것이 마지막 만남이라고 생각하니 매번 만남에서 이별연습을 하는 것뿐입니다."라고 말했다.

사랑은 주는 것이지 받는 것이 아니다. 인간은 누구나 사랑받고 싶어 한다. 그래서 사랑은 표현해야 한다. 표현을 하지 않아도 사랑을 상대방이 알 것이라고 단정해서는 안 된다. 직접 말로 표현하자. 사랑한다는 말은 아무리 많이 해도 지나치지 않다. 사랑이 없으면 관계가 형성되지 않는다. 미래도 불확실하고 성공도 힘들다.

사랑은 한 인간의 삶을 바꾸어 놓을 만큼 큰 힘을 갖고 있다. 그래서 기적을 만들고 생명을 낳는다. 새로운 창조의 능력이 있다. 사랑의 힘은 어떠한 상황 속에서도 절망하지 않게 하는 힘이 있으며 끝까지 포기하지 않게 한다.

2010년 호주에서 한 아이가 27주 만에 미숙아로 태어났지만 태어난 지 20분 만에 죽었다. 의사는 그 아이가 사망했다는 진단을 내렸다. 하지만 그의 어머니는 죽은 아이를 포기할 수 없었다. 어머니는 그저 죽은 아이를 가슴에 품고 놓아주지 않고 꼭 껴안고 있었다. 그렇게 2시간이 지난 뒤 기적이 일어났다. 아이의 맥박이 뛰고 호흡이 돌아왔다.

이 이야기는 아무도 설명할 수 없는 것이다. 단지 어머니의 사랑이 기적을 만든다.

어느 날 한 제자는 말하기를, 자신은 수학을 가장 싫어한다고 했다. 수학을 가르치는 선생님은 본인이 좋아하는 학생이 있는 곳에만 시선을 주고 다른 곳에는 시선을 주지 않으셨다고 한다. 그래서 자신에겐 시선조차 주지 않는 수학 선생님이 싫어졌고 수학마저 가장 공부하기 싫은 과목이 되었다고 한다.

또 다른 수학 선생님이 있었다. 그는 수학보다 아이들에게 더 관심을 가졌다. 그런데 한 여학생이 작년보다 성적이 많이 오른 것이다. 그래서 이유를 물었다. 그랬더니 그 여학생은 "선생님과 함께 있으면 자신감이 생기기 때문이에요."라고 말했다.

지식이나 원리, 교수법 등으로 무조건 성적이 오르지 않는다. 선생님의 애정을 느낀 여학생의 숨은 잠재력이 발휘되기 시작한 것이다. 결국 사랑이었다. 따라서 상대가 성장하고 자신감을 갖도록 돕는 데 사랑만한 것은 없다.

시간을 내어 가까운 사람들에게 애정을 표현하고 인정해주자. 그들이 얼마나 소중한지 이야기해주자. 그들에 대한 애정을 글로 써주자. 때론 등을 토닥여주고, 괜찮다면 안아주자.

친절한 말 한마디

우리 생활에 있어서 말은 삶의 한 부분을 차지하며 중요하다. 말은 단순하지만 그 영향력이 엄청나다는 것을 우리는 날마다 경험하면서도 말을 제대로 하는 사람은 드물다. 그 이유는 무엇일까?

이 세상에는 다시 돌아오지 않는 세 가지가 있다고 한다. 하나는 잃어버린 기회機會다. 이미 지나간 기회는 결코 다시 오지 않는다.

두 번째는, 활시위를 떠난 화살이다. 한 번 날아간 화살은 다시 돌아오는 법이 없다.

그리고 마지막은 입에서 나온 말이다.

이 중에서 가장 치명적인 것은 무엇일까? 바로 입에서

나간 '말'이다. 한 번 뱉어 버린 말은 다시는 주워 담을 수가 없다. 그러므로 항상 말조심을 해야 한다.

일본 속담에 보면 '친절한 말 한마디가 3개월간의 겨울을 따스하게 해 준다.'는 말이 있다. 즉 꽁꽁 언 추운 겨울 같은 마음을 친절한 말 한마디가 녹여줄 수 있다는 의미다. 마치 쿠션(방석)처럼 부드럽고 친절한 말은 상대의 마음을 누그러 뜨리는 힘이 있다.

그런 쿠션 언어들은 어떤 것들이 있을까? 또 기분 좋게 해 주는 말들은 무엇일까? '쿠션 언어'는 말을 조금 더 부드럽게 꾸며주는 수식어구이다. 원래의 말을 근사한 말로 업그레이드시켜 주는 것이다.

상대방의 처지를 고려하는 느낌을 갖게 하는 매우 사려 깊은 말 한마디를 건네면 되는 것이다. 아마도 상대방에 대한 세심한 배려와 정성이 담긴 말들, 상대방을 존중해 주는 말들. 이런 것들이 쿠션언어로써 사람의 마음을 녹여준다.

이를테면 '번거롭겠지만', '실례합니다.', '죄송합니다만.', '덕분입니다.', '신세 많이 졌습니다.', '감사합니다.', '고맙습니다.', '사랑합니다.', '잘됐습니다.', '멋지세요.', '부탁드려요.' 등등이 있다.

말도 얼마든지 말랑말랑하고 폭신폭신한 쿠션언어로 활용할 수 있다. 즉 상대방의 고민과 아픔을 미리 헤아리고 그

부분을 어루만져 주며 상대방을 충분히 배려해 주는 말이 쿠션 언어다.

프랑스의 천재적인 수학자이며 물리학자 그리고 신학자였던 파스칼Blaise Pascal은 '따뜻한 말들은 많은 비용이 들지 않지만 많은 것을 이룬다.'고 말했다.

한 남자가 이렇게 청혼을 하였다.

"나는 한평생 아침 식사를 함께 할 여성을 찾고 있었습니다. 그런데 당신이 바로 그 여성입니다."

이 짧은 말 한마디로 그 여자를 얻었다고 한다. 바로 쿠션 언어로 말했기 때문이다. 이처럼 따뜻한 말 한마디는 마음을 움직이는 능력을 갖고 있다. 따뜻하고 부드러운 말 한마디는 행복을 가져다주고 소통과 공감을 이루게 한다. 그러므로 말은 부드럽고 온순하게 해야 한다.

언중유골言中有骨

언어라고 하는 것은 인간과 동물을 구별해 주는 중요한 기준으로 삼기도 한다. 물론 동물도 의사소통을 하지만 동물에 따라 10~20가지로 제한되어 있다. 하지만 사람은 수만 가지의 언어를 사용한다. 하루에 남자가 사용하는 언어를 보면 2만 5천 마디 정도가 되고 여자는 3만 5천 마디를 사용한다. 이렇게 하루 동안 사람들이 말한 것으로 책을 만들면 약 50페이지 정도가 된다고 한다.

인생이라는 한 권의 책에 당신은 어떤 말로 채우고 싶은가?

우리의 삶은 우리가 어떤 말을 사용하느냐에 따라 우리가 매일 쏟아내는 말이 사람을 행복하게 하기도 하고, 불행하게도 한다는 것이다. 말 한마디에 우리의 삶이 걸작품이 되기도 하고 때로는 졸작이 되기도 한다는 것이다.

사자성어에 보면 '언중유골言中有骨'이란 말이 있다. 이는 '말에도 뼈가 있다.'는 의미이다. 말은 많은 사람들이 상처받게 한다. 우리도 순간순간 알면서도 가족이나 동료에게 비난하고 평가하며 상처를 주며 나 중심의 언어만을 사용하게 된다. 그렇지만 우리는 이제 배려중심의 언어를 사용해야 한다. 상대의 상처를 보듬어 주는 것이 바로 상호간의 용기와 격려를 해주는 말이다.

오랫동안 '긍정의 말'을 연구해 온 한 학자로서 긍정의 말은 우리 인생을 정말로 바꾸어 놓는 힘을 가지고 있고 말대로 되게 해준다고 말하고 싶다. 인간이 사용하는 긍정의 말은 기적과 창조의 능력을 갖고 있다. 그래서 긍정의 혀는 긍정의 결과를 낳는다. 똑같은 사람, 똑같은 환경일지라도 생각, 사는 방식에 따라 결과는 전혀 달라진다. 기억하자. 긍정은 긍정의 결과를 낳는다!

긍정의 말을 대표하는 심리학 용어 로젠탈과 피그말리온 효과는 누군가가 나에게 어떤 긍정적인 기대나 격려를 해주는 것이 긍정적인 결과를 낳는다는 결과를 보여주고 있다. 반면 스티그마 효과란 낙인이라는 뜻을 지니고 있어 우리나라 말로 하면 낙인효과다. 타인에게 무시당하거나, 부정적인 말을 지속적으로 듣거나, 치욕을 당하는 등의 낙인을 찍히게 되는 경우 그 사람이 부정적으로 변하게 되는 현상을 일컫는 말이다.

고미사

영국의 소설가 골즈워디가 '인간의 눈은 그의 현재를 말하며, 입은 그가 앞으로 될 것을 말한다.'고 했듯이, 긍정적인 말, 아름다운 말, 희망의 말을 통해 자신의 미래를 풍성하게 가꾸어 나아가야 한다.

지금 자신의 말씨가 미래의 내 모습이 된다는 것을 깨닫고 긍정적이고 낙천적이고 적극적인 말씨를 뿌려야 한다. 누군가가 당신에게 "요즘 어떻게 사느냐?"는 질문을 던질 때도 마찬가지다.

"당연히 힘들지요.", "죽지 못해 삽니다.", "죽을 지경입니다."라고 말하지 말고, 절대 긍정의 말로 나누어야 한다.

이를 테면 "좋습니다.", "살만 합니다.", "아주 잘 돌아갑니다."라고 말을 하면 상황도 더 나아지고 듣기도 좋다. 마치 자동차나 큰 배의 키를 돌리는 방향대로 나아가듯이 말이다.

우리가 일상생활에서 가장 많이 써야 할 말은 어떤 말일까? 기적을 일으키는 말은 무엇일까? 세 치 혀가 최고의 힘을 발휘하는 말은 의외로 쉽다. 그것은 바로 '참고미사'다.

이는 '참 고맙습니다.', "미안합니다.", "사랑합니다."라는 말의 줄임말이다.

전형적인 사례로 부부 사이에서 말 한마디가 '암 예방'과 '노화방지'에 효과 있다는 연구 결과가 국내 연세대학교 사회복지학과 김재엽 교수팀이 밝혔다. 부부 사이에 주고받는 "고미용감사", '고맙다.', '미안하다.', '용서한다.', '감사한다.', '사랑한다.'

이와 같은 긍정적인 표현이 암 예방과 노화방지에 효과가 있다는 것이다.

우리가 잘 아는 골프의 거인 잭 니클라우스는 '고맙다.'라는 말을 잘하기로 유명하다. 미국에서 토크쇼의 여왕이라 불리며 부와 명성을 쌓은 오프라 윈프리도 매사에 '감사합니다.'라는 말을 아끼지 않았다. 부드러운 카리스마로 유명한

박칼린 음악 감독도 '사랑합니다.'라는 말로 자신의 마음을 전한다. 이는 말 한마디가 위대한 자산이며 큰 보물이라고 여긴다는 의미이기도 하다.

'당신 참 좋다.'라는 말은 간단한 것 같지만, 상대에게 큰 힘과 위로와 꿈을 준다. 다음의 말을 진심으로 써보라. 필자는 역시 수업마다 다음의 말들을 나누고 수업을 시작한다.

'수고했어요.'라는 말은 온갖 피로를 다 씻어준다.
'잘했어요.'라는 말은 상대방에게 큰 용기를 준다.
'고마워요.'라는 말은 새 힘을 준다.
'사랑해요.'라는 말은 더욱 큰 소망을 준다.
'대단해요.'라는 말은 열정을 품게 한다.

우리가 이런 말을 나눌 때 듣는 사람뿐만 아니라 말하는 사람 역시 동일한 기쁨과 위로를 얻게 되며 힘을 공급받게 된다.

부패된 언어 사용금지

말은 누구에게 가장 영향을 끼칠까?

말은 하는 사람이나 듣는 사람이나 모두에게 영향을 준다. 부패된 언어를 쓰면 내 마음도 부패될 수 있다. 왜냐하면 말하는 사람의 가장 가까이에 있는 귀가 바로 자신의 귀이기 때문이다. 그래서 내가 하는 말은 자신의 마음이나 성격 그리고 품성에 그대로 영향을 준다는 것이다. 자기가 뱉은 말은 본인에게 영향을 미치는데 다른 사람에게 영향을 미치는 것은 말할 필요가 없다. 생물이나 동물뿐만 아니라 환경에도 그대로 영향을 미친다.

지금도 내가 이 세상에 태어나 수없이 뿌려 놓은 말의 씨앗들이 어디서 어떻게 열매를 맺었을까? 무심코 뿌린 말의 씨라도 그 어디선가 뿌리를 내렸을지 모른다고 생각하면 왠지 두렵다.

성공한 사람들을 만나보면 절대로 '못 한다. 안 된다. 할 수 없다.'와 같은 부정적인 말을 하지 않는다. 그들은 언제나 잘된다고 한다. 항상 희망의 말을 나눈다는 것이 그들의 특징이다. 오늘부터 부패된 언어 사용을 금하도록 결단하자.

미국 작가 헤럴드 셔먼은 『바꿔볼 만한 인생』이란 그의 책에서 이렇게 말했다. '불행을 당했음에도 불구하고 성공한 사람들은 긍정적인 말로써 운명을 좋은 방향으로 바꾼다.'

이 말의 뜻은 다음의 이해인 시인의 '말을 위한 기도'의 일부분을 읽으면 알게 될 것이다.

내가 이 세상에 태어나
수없이 뿌려 놓은 말의 씨들이
어디서 어떻게 열매를 맺었을까

조용히 헤아려 볼 때가 있습니다.

무심코 뿌린 말의 씨라도 그 어디선가
뿌리를 내렸을지 모른다고 생각하면
왠지 두렵습니다.

쿠션은 우리에게 푹신함과 포근함을 주기도 한다. 또한 무게나 강한 힘을 완화하기도 한다. 우리의 말에도 쿠션이 필요하다. 조금 더 부드럽고 포근하게. 결국 그것이 강함보다 오래가게 될 것이다.

PART

3

긍정의 말 한마디 힘

> 누군가를 당신 편으로 만들고 싶다면,
> 당신이 그의 진정한 친구라는 확신을 그에게 먼저 줘야 한다.
>
> ● 에이브러햄 링컨

얼버무리지 말고 자신에 찬 목소리로 말하자. 어깨를 늘어뜨린 힘없는 자세가 아닌 고개를 푹 수그린 모습이 아니라 머리를 높이 들고 어깨를 활짝 펴고 걸어라.

쉽게 상대방을 기분 좋게 해주는 것은 언어 태도이다.

'말로 천 냥 빚을 갚는다.'는 말이 있듯이, 진심을 바탕에 둔 한마디의 말은 당연히 상대방 기분을 부드럽고 기쁘게 해준다. 그래서 만남에서 별 대수롭지 않은 일이라 하더라도 대면하는 상대방이 초면이든 구면이든 수시로 "감사합니다.", "고맙습니다.", "죄송합니다." 하고 마음속에서 우러나오는 인사말을 건네주어야 한다.

세계 최고 부강한 미국의 힘은 어디에 있는가? 바로 "감사합니다$^{Thank\ you}$."이다.

고마우면 '고맙다.'고 미안하면 '미안하다.'고 큰 소리로 말하자.

입은 말하라고 있는 것이다. 마음으로 '고맙다.'고 생각하는 것은 인사가 아니다. 남이 당신 마음속까지 읽을 만큼 한가하지는 않다.

마법의 말

당신은 주로 어떤 말을 많이 쓰는가?

부정적인 생각, 근심, 걱정을 달고 사는 사람들이 많은데 사실 마법의 말은 아주 쉽고 흔한 말이다.

'고맙습니다. 감사합니다. 난 정말 운이 좋아. 소원이 이루어졌습니다. 감사합니다.'

마법의 말은 어떤 말인지 살펴보았다. 다름 아닌 '부탁드립니다.'와 '고맙습니다.'가 마법의 말이라고 한다.

만일 당신이 좋은 일이 생기기를 바란다면 마법의 말을 하면 된다. 다른 사람들이 자신을 대접해주었으면 하는 방식대로 그들을 대접하면 된다. 친절한 입은 친구를 많게 하고, 적을 누그러뜨린다. 우아한 입술은 다정한 환영의 말을 늘어놓는다. 사람들이 웃고 있을 때, 그들은 대부분 서로를 해치지 않는다.

가장 소중한 사람에게, 우리는 어떤 말로 인사할 수 있을까?

그냥 '안녕'이란 말 말고, 그보다 더 값진 말을 인사 속에 담아보자. 좀 더 다정하고, 좀 더 애정 어린 말은 서로의 관계를 풍성하게 만들어준다. 온화한 말은 친구를 만든다. 문제 속에서 긍정적인 미래를 본다. 예절의 씨를 뿌린 사람은 우정을 수확할 것이고, 친절을 파종한 사람은 사랑을 거두어들일 것이다.

하루를 축하하는 방법 세 가지를 보면 다음과 같다.

1. 감사해야 할 대상에 대해 나누는 것
2. 친구에게 칭찬하는 말을 해주는 것
3. 이치에 어긋나지 않으면 뭔가 재밌는 것에 대해 나누는 것

나는 확신한다. 잘못된 일보다 옳은 일에 대해 얘기하는 법을 배운다면, 사람들과 관계는 분명 훨씬 더 좋아지고 더 행복한 장소가 되리라는 것을….

우리에게는 축하할 일이 아주 많다. 다른 사람에게서 칭찬과 감사의 말을 들었을 때, 얼마나 멋진 느낌이 들었던가?

다른 사람에게도 칭찬은 똑같은 멋진 느낌을 준다. 진심 어린 칭찬은 최선의 결과를 이끌어 낸다.

격려 한마디

에디슨이 학교에 갔다가 쫓겨났다. 왜냐하면 선생님이 수학을 가르치는데 "하나 보태기 하나는 둘이다."라고 가르쳤다. 에디슨이 손을 들고 "선생님, 하나 보태기 하나가 반드시 둘이 되지 않습니다."

선생님은 "왜 그러느냐?"고 물었다. 에디슨의 대답이다.

"고양이 플러스 쥐는 하나밖에 안 남습니다. 고양이가 잡아먹기 때문에…."

이런 엉뚱한 말을 하니 선생님이 도저히 학생들을 가르칠 수가 없었다. 그래서 에디슨은 바보니까 더 가르칠 수 없다고 학교에서 쫓아냈다. 그때 그 어머니가 에디슨을 데리고서 "너는 특별한 머리를 가진 사람이다. 보통 애들보다 다른 상상을 하는 특별한 머리를 가진 사람으로 반드시 세계를 변화시키는 위대한 인물이 될 수 있다."고 격려했다. 에디슨은 어머니의 격려의 말에 힘을 얻어 '그렇지, 나는 다른 사람과 다르다. 나는 위대한 사람이 될 수 있다.'라는 믿음으로 나아가서 세계를 변화시키는 발명왕이 된 것이다.

한마디 격려의 말이 한평생을 변화시키는 것이다. 그렇기 때문에 우리도 부정적인 말이나 절망적인 말을 해서는 절대 안 된다. 이 세상에는 부정적인 언어들로 가득 차 있다. 이미 부정이 있고 절망이 있는 곳에 또 부정을 말하고 절망을 말해봤자 도움이 안 된다. 그곳에 우리가 긍정적이고 적극적이고 창조적이고 생산적인 말을 하면 그것이 우리에게 이기는 에너지를 가져다주는 것이다.

절대 긍정의 한마디

● 오프라 윈프리

넘어져본 적이 없는 사람은
더 큰 위험을 감수한 적이 없는 사람일 뿐이다.
지금 이 순간은 당신의 것이다.
당신의 것으로 만들어라.

콜럼버스가 신대륙을 찾아 대해를 항해하고 있을 때, 배를 타고 망망대해를 가도 가도 눈앞에 대륙은커녕 섬 하나 보이지 않았다. 그러자 일등 항해사가 콜럼버스에게 와서 "대륙은커녕 별 하나 보이지 않습니다. 선장님, 이제 우리는 어떻게 하면 좋겠습니까? 우리는 잘못하면 죽지 않겠습니까?" 하고 물었다.

그때 콜럼버스는 이렇게 소리쳤다.
"계속 앞으로! 전 속력 전진!"
이것밖에는 말하지 않았다.
"계속 앞으로! 계속 전진!"

이 말 한마디가 서양사의 새로운 지평을 연 중대한 분수령이 된 것이다. 콜럼버스가 새로운 대륙을 발견한 것이다.

아무리 좌절과 절망의 상황일지라도 우리는 절망을 버리고 희망을 생각하고 꿈꾸며, 희망의 날이 다가올 것을 믿고 말하며 끊임없이 희망을 향해 전진해 나가야 되는 것이다.

워싱턴 대학교의 심리학자 존 고트먼 교수는 긍정적인 말을 부정적인 말보다 5배 더 많이 해야 한다고 주장한다. 성공한 사람들과 실패한 사람들의 특징을 연구한 조사에 의하면, 성공한 사람들과 실패한 사람들의 차이는 딱 2가지였다고 한다. 그것은 뛰어난 실력도 훌륭한 환경도 아닌 생각하는 것과 말하는 것의 차이였다고 한다.

실패한 사람들이 가장 많이 쓰는 단어가 뭔지를 조사해 봤더니 놀랍게도 1위가 부정적인 말이었다고 한다. 이를테면 "이 빌어먹을.", "못 해.", "할 수 없어.", "안 돼.", "됐어." 등 등.

토크쇼 여왕이라는 불리는 오프라 윈프리Oprah Gail Winfrey, 1954~는 하루도 빠짐없이 이렇게 말했다고 한다.

"감사합니다.", "고맙습니다.", "나는 진실로 복 받은 사람입니다.", "나는 행운아이다."

늘 자신을 되돌아보고, 좋은 장점을 찾아보고, 자신에게

"사랑한다.", "나는 멋진 사람이다.", "나는 매력적이다." 등과 같이 자신에게 긍정적인 대화$^{Pep\,talk}$를 하루 1분씩 한다. 매일 긍정적인 언어를 자신에게 들려주었다는 것이다.

래리 킹의 라이브 쇼에 출연한 오프라 윈프리는 "토크쇼 시청률 1위를 어떻게 유지할 수 있느냐?"는 질문에 이렇게 답했다.

"나는 항상 넘버 10인 것처럼 행동한다. 내가 넘버원이 될 수 있는 이유는 바로 거기에 있다. 1등이라고 생각하는 순간 이미 10등이 되어버릴지 모르는 일이다."

그래서 나는 사람들을 만날 때 귀인의식을 갖고 귀하고 진지하게 대한다. 그의 긍정적인 면을 찾기 위해서다. 당신에게도 '귀인의식'이 있다면 귀인으로 만들 대상의 범위가 훨씬 넓어질 수 있다. 그리고 곧 인맥의 달인이 될 것이다.

승자의 언어와 패자의 언어

인류 최초로 104일간의 지구 일주 항해 지휘자 마젤란의 이야기이다. 마젤란 일행이 태평양을 횡단하는 긴 항해 끝에 악천후를 만났다. 광란하는 바다 앞에서 대원들은 두려움에 거의 마비 지경이었다. 그때 마젤란이 하늘을 향해 두 손을 들었다. 대원들은 마젤란이 하늘에 기도를 올리는 줄 알았다. 그런데 그게 아니었다. 올린 두 손을 바다 쪽으로 힘껏 뻗으며 마젤란이 대원들을 향해 소리쳤다.

"보라! 제군들, 바다가 그대들 앞에서 두려워 떠는 것을!"

그 말에 힘을 얻은 마젤란 일행은 광란의 바다를 무사히 빠져나갈 수 있었다.

1519년, 포르투갈의 항해가 페르디난드 마젤란[1480~1521]이 인류 최초로 지구 일주 항해에 나섰다. 트리니다드·빅토리호 등 선박 5척과 선원 265명으로 원정대를 이끌고 세비야 항을 출항한 것이다. 미지의 세계로 나아가는 마젤란의 항해에는 숱한 난관이 따랐다. 그때마다 불가능한 항해의 도전을 하였다.

내가 자주 연락하는 사람은 약 5,000명 정도 된다고 본다. 내가 모임을 만들고 이름도 짓는다. 이렇게 만들어서 만든 정기 모임이 30개가 넘는다. 그래서 나의 취미는 사람 만나는 것이고, 취미가 같은 사람들끼리 모임을 만드는 것이다. 그래서 나는 사람을 만나면 새로운 모임을 만든다. 한 예로 3·6·9·12월의 마지막 금요일에 경영자 독서클럽 모임을 갖고 있다. 많은 사람을 만나 협력을 하는 데는 '3의 원칙'이 있다. 처음 3년은 만나도 시간과 돈만 투자한다는 것이다.

2.9:1 법칙 로사다 비율, Losada ratio

미국 노스캐롤라이나 대학의 심리학과의 바버라 프레드릭슨Barbara L. Fredrickson과 마셜 로사다Marcial F. Losada 교수는 미국의 기업체 60개에서 수집한 각 회사의 회의록에 쓰인 언어를 분석하는 작업을 수행하였다. 결과적으로 2009년 프레드릭슨이 자신의 저서 《긍정성Positivity》의 부제를 '최고의 연구 결과로 드러난 〈2.9대 1〉의 비율이 당신의 삶을 바꿀 것이다.'라는 개념을 만들어냈다. 즉 회의록에 사용된 문장과 어휘를 정밀하게 분석하여 주로 어떤 단어가 많이 쓰였으며, 그것이 그 회사의 업적이나 성장과는 어떤 연관이 있었는지를 연구하였다. 조사 결과 회의록에 쓰인 어휘 비율 중 〈긍정적인 어휘 : 부정적인 어휘〉 = 〈2.9:1〉 이상인 회사들은 지속적으로 성장세를 보였다.

반면 이 비율 이하인 기업, 그리고 부정적인 어휘를 더 많이 쓰는 기업들은 더 이상 성장하지 않거나 퇴보하는 것을 볼 수 있었다.

이 연구로 인해 만들어진 것이 긍정적인 말의 힘의 '로사다 비율Losada ratio'이고, 〈2.9:1 법칙〉이라고 불린다. 즉 긍정적인 어휘가 부정적인 어휘보다 3배 이상 더 많이 사용될 때 기업과 사람의 발전 가능성이 높다는 뜻이다.

나는 절대 긍정의 생각과 언어를 사용한다. 당신은 어떤

가? 부정적인 생각과 언어를 사용하고 있다면 지금 즉시 중단하고 긍정의 생각과 언어를 3배, 6배, 9배로 사용해야 한다. 인생 대박이 일어날 것이다. 일찍이 독일의 실존주의 철학자 하이데거Martin Heidegger가 "언어는 존재의 집이다."라고 말했듯이, 인간의 사유는 그가 사용하는 언어의 수준을 넘어서지 못하기 때문이다.

지금 여러분이 사용하고 있는 언어 가운데 긍정과 부정의 비율이 얼마나 되는지 이번 기회에 한번 살펴보기를 바란다. 좋은 관계를 쌓고 넓히기 위해서 필히 긍정의 말, 희망의 말 그리고 격려의 말에 달인이 되어야 한다. 인맥을 쌓은 후에 긍정적인 말을 사용하는 것이 아니라 긍정적이기에 성공하는 것이다.

입술의 핸들

'입술의 핸들'이란 한마디로 내가 뱉은 말이다. 그래서 운명에 영향을 주기도 하지만 듣는 말도 똑같다. 내 입술의 핸들을 돌리는 대로 내 운명을 바꿀 수 있다. 농담도 현실이 된다. 빈말일지라도 사람에게 큰 상처를 주기 때문이다. 기왕이면 빈말이라도 살리는 말을 하는 것이 좋다. 나의 말 한마디가 운명과 역사 그리고 환경을 바꾸어 버린다.

꿀 같은 말을 나누어라

우스갯소리겠지만, 직업별로 듣기 싫은 말이 있다고 한다.

의사가 듣기 싫어하는 말은 무엇일까? "앓다가 죽겠다."이다.

치과의사가 듣기 싫어하는 말은 무엇일까? "이 없으면 잇몸으로 산다."이다.

한의사가 가장 듣기 싫어하는 말은 무엇일까? "밥이 보약이다."라는 말이다.

학원 강사가 듣기 싫어하는 말은 무엇일까? "하나를 가르치면 열을 안다."이다.

우리들이 듣기 싫은 말은 무엇인가? 몸에 좋은 약이 쓰듯이, 내가 듣기에 불편하고 마음에 거슬려도 그것을 들어야 유익하고 영혼이 성숙해진다.

평범한 사람의 하루를 실험하였다. 아침에 일어나자마자 "아이구, 잘 잤다!"라고 말을 한 사람은 절대 수면 시간이 부족함에도 불구하고 '잘 잔 호르몬'이 그의 삶을 강하게 지배하였다는 결과가 나왔다. 따라서 누가 '행복하세요?'란 물음에, '행복하다!'고 말하면 진짜 그의 삶이 행복해진다고 한다. 여기엔 조건이 하나 있는데, 0.1초 만에 즉시 "행복하다."고 대답해야 한다는 것이다.

우리가 생활 속에 사용하는 언어가 그대로 삶으로 창조되어진다는 것이다. 한마디로 말이 우리의 미래를 만든다. 다음 이해인 수녀의 시 '나를 키우는 말'을 보면 좋은 말이 나를 키운다는 것을 알 수 있다. 그녀의 시의 일부분이다.

행복하다고 말하는 동안은
나도 정말 행복한 사람이 되어
마음에 맑은 샘이 흐르고

고맙다고 말하는 동안은
고마운 마음 새로이 솟아올라
내 마음도 더욱 순해지고
아름답다고 말하는 동안은
나도 잠시 아름다운 사람이 된다.

미국의 재정가이자 정치가인 버나드 바루크는 이런 말을 했다.

"생각을 표현하는 능력은 그 생각만큼이나 중요하다."

즉 생각이 아무리 훌륭해도 그것을 다른 사람들에게 표현할 수 없다면 무용지물無用之物이 되기 때문이다. 지금 가장 급하고 우선순위로 해야 할 것이 표현의 능력이다. 우리 삶의 중요한 순간은 우리가 무엇을 결정하느냐와 무엇을 말하느냐에 따라 결정된다고 해도 과언이 아니다.

지금 이 시대를 사는 우리에게 가장 중요한 능력은 나의 생각과 감정을 상대에게 전달하고 공감시키는 것이다. 많은 사람들이 대중 앞에서 말하는 것, 대면소통을 가장 어려워하고 있다. 적절한 순간에 적합한 어조로 정확한 메시지를 전달하는 능력은 성공으로 이끄는 힘이 된다.

말 한마디를 잘못해서 자리에서 물러나는 경우도 있고, 표정이나 몸짓을 잘못해서 큰 곤욕을 치르는 경우도 있다.

소통과 공감 능력은 오로지 반복 훈련을 통해서만 발달된다. 브라질의 축구 영웅 펠레의 말을 기억하자.

"결국 연습이 전부다."

데이 C. 셰퍼드는 '세 가지 황금 문'이란 책에서 언어생활에 대해 이렇게 말했다. "말하기 전에 언제나 세 가지 황금 문을 지나게 하라."

여기서 세 가지 황금 문이란, 첫째로 그것이 참말인가. 둘째로는 그것은 정말 필요한 말인가. 셋째로 그것은 친절한 배려의 말인가이다.

우리가 말하기 전에 이러한 세 가지 황금 문을 확실히 지나왔다고 생각하면 그 결과를 걱정하지 말고 담대하고 확신 있게 말하자. 왜냐하면 황금 문을 건넌 말은 천금 말씨이기 때문이다.

입술의 핸들이 이끄는 대로

당신은 오늘 아침에 일어나서 가장 먼저 무슨 말을 했는가?

필자는 다음과 같이 말을 한다.

'나는 행복하다.', '나는 평안하다.', '나는 건강하다.', '나는 복 받았다.', '나는 형통한다.', '나는 감사하다.', '나는 하는 일

마다 잘된다.', '나는 내가 좋다.'

　당신도 매일 아침에 이렇게 말해보자. 당신이 말한 대로 큰 힘을 가진 말이 인생을 그렇게 몰아간다. 상황과 환경은 내뱉은 말대로 이루어지기 때문이다.

　우리의 삶은 우리 생각과 꿈과 입술의 고백으로 만들어진다. 그러므로 인생을 팔자로 생각하지 않길 바란다. 인생에 있어서 무엇이든지 긍정적으로 생각하고 이루어진 모습을 꿈꾸고 그것을 입술로 말하면 큰 힘을 가진 말은 여러분 삶에 그대로 이루어지게 된다. 인생은 입술의 핸들이 이끄는 대로 돌아간다. 우리의 입술의 말은 인생의 핸들과 같기 때문이다.

　필자는 항상 긍정의 3박자의 말을 외친다.
　"할 수 있다.", "하면 된다.", "해보자."
　절대 긍정적으로 생각하고 가능성을 꿈꾸며 단호하게 말하자. 백 번이고 천 번이고 만 번이고 긍정의 말을 해야 한다. 그 말을 통해 큰 변화가 일어나고 치유된다. 성공한 사람들, 재벌이 된 사람들을 만나보면 절대로 부정적인 말을 하지 않는다.

　'못 한다.', '안 된다.', '할 수 없다.'는 말을 절대로 입에 담지 않는다. 언제나 '좋다.', '잘됐다.', '가능하다.', '성공했다.', '축복

받았다.'고 말한다.

긍정심리학의 체계를 세운 마틴 셀리그만 박사는 언어 습관과 우울증에 대해서 연구를 했다. 그 결과 우울증에 걸린 사람들은 '내가 잘못했다.', '내가 나쁘다.'와 같은 부정적인 언어습관을 갖고 있었다. 그는 "인생에서 능력이나 재능보다도 중요한 것은 긍정적인 언어습관이다."라고 말했다.

특별히 재능이 없더라도 말을 긍정적으로 하는 사람들은 큰일을 이룰 수 있다. 그러나 아무리 능력이 있고 재능이 있는 사람이라도 생각과 말이 부정적이면 그 사람은 큰일을 할 수 없다. 그리고 실패, 행복과 불행은 모두 하는 말이 인생의 방향을 결정했다.

인생을 바꾸는 것은 어려운 것이 아니라 언어습관을 통해 스스로 만들어가는 것이다. 언어 습관을 바꾸기만 해도 창조적인 삶을 누릴 수 있다.

미국 작가 헤럴드 셔먼은 『바꿔볼 만한 인생』이란 그의 책에서 이렇게 말했다. '어려움을 겪었음에도 불구하고 성공한 사람들은 긍정적인 말로써 운명을 좋은 방향으로 바꾼다.'고 말이다.

성공한 사람들도 좋은 일만 일어나는 것이 아니라 불행한 일도 많이 일어난다. 어떻게 어려운 생활을 극복했느냐는 물음에, 긍정적인 말로 어려움을 극복하고 성공을 이루어 냈다고 말한다.

말이 우리의 운명과 환경을 바꿔 놓는다.

'나는 이래도 괜찮다.', '나는 성공한다.', '나는 이길 것이다.'라고 말하면 불행을 극복할 수 있는 것이다.

그러나 '나는 못 한다.', '안 된다.', '할 수 없다.', '실패한다.', '패배한다.'라고 말하면 좋은 환경도 나빠지고 마침내 패배하고 마는 것이다. 상황이 좋지 않고 형편이 나쁠지라도 우리가 긍정적인 말로 '잘 된다.', '앞으로 점점 좋아질 것이다.', '할 수 있다.', '하면 된다.', '해보자.' 이렇게 말할 때, 그 말은 그대로 우리 삶 가운데 이루어지는 것이다. 왜냐하면 말의 능력이 그 말보다 앞서기 때문인 것이다. 마치 말은 인생을 조종하는 핸들처럼 돌리는 대로 돌아간다. 이끄는 대로 따라간다.

말 한마디의 힘

"당신 참 좋은 사람이다."라는 말 한마디가 누군가에게는 위로가 되고 희망이 된다. 상대에게 큰 힘과 위로와 꿈을 준다. 어려울 때 힘이 되는 말이다. 이렇게 간단한 말로 우리가 상대방을 위로할 수 있는 말들은 그 밖에도 무수히 많다.

우리가 말을 할 때는 우리 자신도 역시 동일한 기쁨과 위로를 얻게 되는 것이다. 행복하고 성공한 인생을 원한다면, 먼저 우리의 말부터 바꾸어야 한다. 행복해서 '행복하다.'라고 말하지 않는다. 불행하더라도 슬프더라도 '나는 행복하다.', '나는 기쁘다.'라고 말하면 그 말이 분위기와 상황을 그대로 바꿔 놓는 것이다. 이것이 말이 가지고 있는 위대한 원리이다.

미국의 존스 홉킨스 대학병원의 벤 카슨 의사는 '신의 손'이라는 별명을 가지고 있다. 그는 모든 의사들이 포기한 4살짜리 아이의 악성 뇌종양 수술을 성공시켰다. 그리고 처음으로 머리와 몸이 붙은 샴쌍둥이를 분리하는데 성공했다. '신의 손'으로 불리는 벤 카슨의 어린 시절은 어땠을까?

그는 빈민가에서 태어나 8살 때 부모님이 이혼을 했다. 부모의 이혼 이후 벤 카슨은 집 주변을 배회하며 흑인 불량배들과 어울려 싸움을 일삼는 생활을 했다. 학교에서도 흑인이라는 이유로 따돌림을 당했고 성적은 늘 꼴찌를 했다. 힘들고 불우한 어린 시절을 겪은 그에게 한 기자가 다음의 질문을 했다.

"오늘의 당신을 만들어 준 것은 무엇입니까? 당신은 학교에서 열등학생이었고 불량학생이었는데 어떻게 이렇게 위대한 의사가 되었습니까?"

그는 망설이지 않고 대답했다.

"나의 어머니 쇼냐 카슨 덕분입니다. 어머니는 내가 늘 꼴찌를 하고 흑인이라고 따돌림을 당할 때에도 이렇게 말씀해 주셨습니다. '벤, 너는 마음만 먹으면 할 수 있다. 노력한다면 너라고 해서 못 할 리 있느냐. 하면 된다. 해봐라. 어머니는 제게 부정적인 말 대신 긍정과 희망의 말로 격려를 해주셨습니다."

다음은 그의 어머니가 해주셨던 말이다.

"She can do it, He can do it, Why not me?(그녀도 할 수 있고, 그도 할 수 있는데 왜 나라고 못 하겠니까?)"

말 한마디의 힘은 우리의 상상을 초월한다. 더욱이 자녀들에게 부모의 말이나 선생님이 하는 말은 한평생 두고두고 변화를 가져온다. 벤 카슨은 어머니가 하신 말씀 덕분에 용기와 큰 힘을 내어 분발한 결과로 미국의 최고의 외과의사가 된 것이다.

우리가 부부간에, 부모 자식 간에, 이웃 간에, 상사와 사원 간에 나누는 따뜻한 격려의 말 한마디는 비용이 들지 않는다. 그러나 그 말은 굉장한 성과를 거둔다. 살맛나게 하는 힘을 준다.

신학자 존 칼빈은 "우리의 모든 말들은 친절과 은혜로 가득해야 한다. 이를 위해서 우리는 남에게 유익이 되는 말과 친절한 말을 해야 된다."고 말했다.

이처럼 좋은 말 한마디가 갖는 힘은 우리의 상상을 초월한다. 엄청 큰 힘을 갖고 있다. 그 한마디가 어떤 사람에게는 큰 보물이 된다. 때론 약이 되기도 한다.

성공을 부르는 산소언어

인간관계에서 호감을 얻고 싶은가, 직장생활에서 좀 더 인정받고 싶은가, 비즈니스에서 성공하고 싶은가, 연설이나 발표 등을 훨씬 더 잘하고 싶지 않은가? 그렇다면 여기 공자는 "언변력을 길러야 한다. 이것이 성공의 필수조건이다."라고 말했다.

독일의 시인 하인리히 하이네는 "말, 그것으로 말미암아 소인을 거인으로 만들고, 거인을 철저하게 두드려 없앨 수도 있다."라는 엄청난 말을 남기어 주었다.

산소 유머

미국에서는 보통 인사를 할 때 '축복합니다$^{May\ God\ Bless\ You}$.'라는 산소언어로 가득하다. 반면 무뚝뚝한 경상도 남자들은 세 가지 말밖에 안 한다는 우스갯소리가 있다.

"밥 줘.", "아는?", "자자."

과거 침묵이 금이었던 시대엔 나름 매력 있는 남자였는지 몰라도 요즘은 무뚝뚝한 남자에게 매력을 느끼는 여성은 많지 않다. 이제 침묵이 미덕인 시대가 아니다. 가만히 있으면 중간이나 가는 시대도 물론 아니다. 그렇다고 시종일관 떠들라는 것이 아니다. 적어도 말을 해야 할 때, 세련되고 멋지게 표현할 줄 아는 말솜씨, 적절한 시기에 적합한 말을 할 줄 아는 사람이 매력 있는 사람이다.

몇 년 전 영국과학진흥협회가 꼽은 유머 1위는 명탐정 셜록 홈스와 그의 단짝 왓슨 박사의 이야기였다. 셜록이 왓슨과 함께 텐트를 치고 야영을 하던 중, 갑자기 왓슨을 깨워 질문했다.

"이보게 왓슨, 저 별을 보고 무엇을 추리할 수 있겠는가?"
"흠~ 글쎄. 지구와 같은 행성이 저 수백만 개의 별 가운데 있다면, 저 외계에 생명체가 있을 수도 있다는 뜻이겠지."
그러자 홈스가 말했다.
"이보게, 별이 보인다는 건 누가 우리 텐트를 훔쳐 갔다는 뜻이잖아!"

리더가 반드시 갖추어야 할 리더십을 무엇이라 생각하는가? 나는 유쾌한 유머 리더십과 위트 그리고 재치가 풍성해야 한다고 본다. 소통에서 유머, 위트, 재치는 생명을 유지하는 데 꼭 필요한 산소와 같은 것이다.

'유머humor'는 우리말로는 우스개나 익살, 농담 등의 의미를 갖고 있다. 또 한자말로는 골계(滑稽)나 해학(諧謔) 등으로 말한다. 영어로는 조크(joke)와 위트(wit) 등으로 설명될 수 있다. 라틴어의 체액(體液)을 의미하는 휴모르(humor)에서 유래된 이 말은 인간의 웃음을 인식하거나 표현하는 능력을 일컫는다. 여성들이 이상적인 남성상을 꼽을 때 빠지지 않고 등장하는 조건이 유머감각이다.

'유머감각이 있는 사람'이란 우스개 얘기를 많이 알고 있는 웃기는 사람을 넘어서서, 세상을 보는 경직되지 않은 시선이나 낙천적 성격, 또는 따뜻한 체액(humor)으로 대변될 수 있는 인간미를 지닌 사람을 의미한다고 본다. 어떤 분위기든 화기애애한 분위기로 전환할 수 있는 임기응변과 애드럽에다, 거기에 유머력(웃음, 재치, 위트)까지 갖춘 사람이다. 이런 사람은 어디서나 산소와 같은 사람이다.

이러한 산소 유머를 우리의 삶에 그대로 적용하면, 원활하게 소통되고 촉진하여 막힌 곳을 뚫어주고 치유시켜 주는 호르몬의 역할을 하기도 한다.

내가 주장하는 문구가 하나 있는데, '좋은 유머는 인간관계에서 가장 빛나는 의상이다.'라는 말이다.

그렇다, 우리의 주변을 보자. 따뜻한 미소를 머금고 유머를 던지는 사람이 있으면, 그 사람 주위로 사람들이 몰리고 있음을 발견할 수 있을 것이다. 그리고 분명한 사실 하나는,

성공한 리더들은 뛰어난 유머감각을 갖추고 있다는 것이다.

어색한 자리나 만남, 서먹서먹한 분위기에서 사람들이 편안하게 느낄 수 있도록 할 수 있는 방법은 무엇일까? 위기와 긴장을 극복하는 방법으로 좋은 것은 무엇일까? 정답은 바로 유머다.

유머는 그냥 웃는 것으로 끝나지 않는다. 분위기를 환기시키고 사람들의 태도를 바꾼다. 그리고 마음의 여유와 융통성을 갖게 해준다. 그리고 생각의 여유와 탄력이 있도록 해주며 분위기를 반전시켜 준다. 아울러 상식과 편견을 허물고 걱정과 경계를 무너뜨려준다.

파티에서 주의를 끄는 사람은 화려한 의상을 입은 사람이 아니라 따뜻한 미소로 유머를 날리는 사람이이다.

긴장과 위기를 넘기는 유머력

미국 역사상 가장 위대한 연설가 가운데 한 명으로 꼽히는 전 대통령 로널드 레이건은 탁월한 유머 감각으로 유명하다. 그는 한 연설을 이렇게 시작했다.

"제가 어떻게 대통령이 될 수 있었는지 그 비밀을 밝히겠습니다. 사실 저에게는 아홉 가지의 재능이 있습니다. 첫 번째 재능은 한 번 들은 것은 절대 잊지 않는 탁월한 기억력입니다. 그리고 두 번째… 에… 그러니까, 그게 뭐였더라?"

연설회장이 폭소로 가득 찼음은 물론이다. 유머 감각은 대화에 활력을 주고, 분위기를 부드럽게 만든다.

스스로를 웃음 도구로 활용할 수 있는 정도의 유머 감각을 가진 사람은 결코 우스워 보이지 않는다. 레이건의 유머는 위기상황을 넘기는 데에도 그 진가를 발휘했다. 1981년 3월, 레이건은 정신이상자가 쏜 총에 가슴을 맞고서도 유머를 잃지 않았다. 병원으로 실려 가는 급박한 순간에도 "총에 맞고서도 안 죽었으니 얼마나 좋아."라고 말했다. 부인 낸시 여사에게는 "여보, 총알을 피하는 걸 깜박 잊었어!"라고 말함으로써 국민들까지 안심시켰다.

이 같은 유머에 레이건의 지지율이 83%까지 상승했다. 그러나 이듬해 지지율이 32%로 떨어졌다. 비서진과 보좌관들은 온갖 걱정을 하기 시작했지만, 정작 레이건은 그들을 모아놓고 한마디로 자신감을 심어 줬다.

"걱정들 말게. 그깟 지지율, 총 한 번 더 맞으면 될 것 아닌가?"

탈무드에 이런 이야기가 있다.

시냇물 위로 외나무다리가 놓여 있고 한 여인이 이 다리를 지나게 되었다. 그런데 다리가 금방 무너질 것 같았다. 길게 심호흡을 해보지만 두렵기는 마찬가지였다. 여인은 걸음을 멈추고 하나님께 기도했다.

"하나님! 이 다리를 무사히 지나가게 해주신다면, 전 재산을 바쳐 하나님 사업에 쓰겠나이다."

다리 중간쯤 갔다. '이제 절반이나 왔는데, 전 재산을 바친다?' 이 여인은 후회하기 시작했다. 그래서 다시 기도했다.

"하나님, 이 다리를 지나가게 되면 저는 땡전 한 푼 없는 알거지가 되고 맙니다. 하나님! 제가 그렇게 되는 걸 원치는 않으시겠죠? 제가 재산의 절반만 바친다 해도 하나님은 이해하실 거예요. 그것도 저는 엄청나게 큰 것이랍니다."

다리를 안전하게 다 건너게 되자 이 여인은 또 마음이 달라졌다.

"하나님! 재산의 반을 바친다는 건 너무 심하지 않나요? 이 다리가 그렇게 위험한 것도 아닌데 말입니다. 하나님! 딱 잘라 5만 원만 헌금하더라도 이해하시겠죠?"

그런데 마지막 다리가 흔들거리며 여인의 중심도 흔들거리며 떨어지려고 하였다. 다급해진 여인은 얼른 고쳐서 이렇게 기도했다고 한다.

"하나님! 맨 나중에 지껄인 제 말은 정말이지 농담이었습니다. 그걸 진심으로 받아들이다니 너무 하십니다."

이런 순발력 있는 유머력은 사람들을 행복하게 해준다. 어떻게 말을 하느냐에 따라 행복한 세상을 만들 수 있다. 순발력 있는 유머와 위트를 키우기 위해서는 부단히 관심과 노력을 해야 한다. 지금부터라도 사람들에게 웃음을 줄 수 있으며, 어떤 자리에서든 없어서는 안 될 산소와 같은 리더가 되기 위해 노력해 주기 바란다.

감정을 담은 산소 언어

스페인 국왕이 30년 전 캐나다에 유학 중인 아들 펠리페 왕자에게 보낸 편지이다. "아들아 오늘날엔 왕세자라는 태생적인 신분만으로는 왕이 될 수 없단다. 매일의 언행言行으로 왕의 자리를 획득해 가야 한다."

입에서 나간 말은 불과 3초밖에 되지 않지만, 상대방의 가슴속에는 30년 동안 남는 말이 된다. 실제로 홧김에 내뱉은 말 한마디 때문에 결국 좋은 관계가 깨지는 경우가 많다. 삼성경제연구소의 조사에 의하면, 부부간에 몇 마디 말 때문에 이혼을 하게 된 말의 유형을 네 가지로 분류했다.

하나, "당신이 하는 게 늘 그렇지. 언제 잘한 적이 있나?"

둘, "당신이나 잘해!"

셋, "주제 파악이나 잘해!"

넷, "당신은 당신 말만 해. 나는 내 말할 테니."

네 번째는 상대방의 말에 아예 말대꾸를 안 하는 것이다. 무슨 말을 해도 들은 체 만체한다는 의미이다.

이런 유형의 말들은 듣는 사람에게 큰 상처를 준다. 이런 관계는 부부관계뿐만 아니라 모든 인간관계에 상처를 가져다준다.

심리학자들의 연구에 의하면, 말은 우리 삶의 거의 모든 영역과 관련되어 있기 때문에 언어생활이 인생의 3분의 2를 지배하고 있다고 한다. 말을 잘 다스리면 우리 인생이 행복해질 수 있고, 말을 잘못 다스리면 크게 불행해 질 수도 있다는 의미이다. 탈무드에 "남의 입에서 나오는 말보다 자기 입에서 나오는 말을 잘 들어보라."는 교훈이 있다. 또 "말이 입안에 있으면 내가 말을 지배하지만, 내 입에서 말이 밖으로 나가면 그 말이 나를 지배하기 시작한다."고 하였다.

그럼에도 불구하고 말에도 철학이 있어야 한다. 철학이 담겨지지 않은 말은 감동이 없기 때문이다. 제아무리 빛나는 금 그릇이라 하여도 무엇이 담겨 있느냐가 중요한 것이다. 사람들이 내게 가장 많이 묻는 것 중에 하나가 '어떻게 하면 말을 잘할 수 있나?'이다. 대답은 이렇다. 말을 할 때 향을 내라는 것이다. 향기 나는 말은 적까지 내 편으로 만들고 불통까지 소통으로 만든다. 나의 말이 향기 나는 말이 되기 위해서는 논리적인 것보다는 감정을 건드릴 수 있는 울림(느낌)의 말이어야 한다. 진심을 담아, 때로는 혼을 담아,

깊은 의미의 말을 전해야 한다.

상대의 감정을 고려하지 않은 말은 답답함만 증폭시킨다. 무릇 세상에는 뜻만 있는 것이 아니라 느낌이 더 많다. 배설하듯 말하지 말고 상대와 서로 교감하며 말하자. 말하는 것은 기술이지만 느낌을 주고받는 것은 예술이다. 오늘부터 당신이 예술의 말을 소통하는 사람이 되기를 바란다.

긍정적 생각과 산소의 말

말에는 엄청난 능력이 숨어 있다. 정주영 현대그룹 회장은 "시련이 있더라도 실패는 없다"는 그의 철학과 말이 우리나라의 1등뿐만 아니라 세계적인 대기업으로 현대그룹을 만들어 놓았다. 기본적으로 더 나은 관계를 하려면 다음의 말들을 하지 말아야 한다.

"바빠 죽겠네.", "너무 힘드네.", "시간이 없는데.", "다음에 하지.", "죽고 싶다.", "짜증나 죽겠네.", "아파 죽겠네.", "난 되는 게 없어", "차라리 죽는 게 낫겠어." 등이다.

미국의 철강 왕 앤드루 카네기는 성공의 비결은 한마디로 '말을 잘하는 것'이라고 하였다. 그는 타인의 장점은 칭찬하고 격려하는 것보다 더 좋은 방법은 없다고 하였다. 그리고는 성공하는 사람은 절대 다음의 말을 하지 않는다고 하였다.

"없다. 한계가 있다. 잃었다."

절대 부정적인 말을 하면 안 되고 대신 항상 긍정적인 말을 해야 한다.

글로벌 인재를 꿈꾸며 성공을 원한다면 반드시 화려하게 말하는 기술을 습득해야 한다. 즉 표현력을 기르면 자신의 경쟁력을 높일 수 있으며 사회생활에서 인정을 받는다. 그리고 얼마나 말솜씨가 좋으냐에 따라 인간관계가 좋아지고 성공할 기회가 많아지게 된다. 그렇다면 성공의 원동력인 언변력은 선천적인가 후천적인가? 다행스럽게도 언변력은 후천적인 학습의 산물이다. 누구나 배우고 익히면 잘할 수 있는 것이 말이다.

인간은 사회적 동물인 동시에 언어적 동물이다. 이 지구상에는 약 200만 종류의 생물이 살고 있다고 한다. 그중에서도 유독 인간을 가리켜 만물의 영장이라고 부른다. 인간만이 언어를 사용하기 때문이다. 인간의 특징이 바로 인간다운 말을 할 줄 안다는 것이다. 그래서인지 우리는 소통적 대화 중심의 사회 속에서 살고 있다. 미국 자동차업계의 전설적인 경영인 리 아이어코카Lee Iacocca는 자신이 성공할 수 있었던 것은 '표현력의 기술 덕분이었다.'고 말했다. 그는 미국에서 손꼽히는 화술가다. 그러나 그도 처음부터 뛰어난 화술가는 아니었다. 사실 25살 이전까지는 형편없이 더듬거리는 말버릇을 지녔지만 '화술 트레이닝 코스'에 나가 기본 요령을 터득하고, 자신감이 붙을 때까지 부단한 연습으로 표현력 기술을 익혀 성공할 수 있었다.

그렇다. 말의 소질이 아니라 학습이다. 대부분의 기술이 그렇듯이 말이다. 누구든지 잘하겠다는 결심을 하고 부단히 연습을 한다면 성취할 수 있는 것이다.

스탠포드 대학교의 연구결과에 따르면, 한 사람의 인생에서 성공을 가늠할 수 있는 것은 다음과 같은 질문에 어떻게 답하느냐로 예상할 수 있다고 한다.

'당신은 지금 당장 자리에서 일어나 자신의 생각을 제대로 말할 수 있습니까?'

이 물음에 명쾌하게 답할 수 있어야 한다.

미국 격언에 '말하기는 연애와 같다.'라는 말이 있다. 이는 시작하기는 쉽지만 사랑의 완성으로 마무리 짓기는 어렵다는 뜻이다. 우리나라 속담에도 '말이 고마우면 비지 사러 갔다가 두부를 사온다.'는 말이 있다.

인간관계 전문가 제임스 F. 벤더 박사는 미국의 톱 리더들을 대상으로 조사한 결과 리더가 갖춰야 제1조건은 '스피치'라고 말했다.

세계적으로 성공한 비즈니스 리더들의 공통점 중 하나로 뛰어난 의사소통 능력을 꼽았다. 인사담당자를 대상으로 벌인 설문 조사에서는 인사담당자의 89%가 대인관계와 의사소통을 입사 지원자의 리더십을 평가하는 중요한 잣대로 삼았다고 한다.

미국의 정치가이자 저술가인 브루스 바턴은 성공한 사람들의 전기 1천여 권을 분석한 결과 "말을 잘하는 사람들이 세계를 지배하고 이끌어 왔으며 그들이 앞으로도 세계를 지배하고 이끌어 갈 것이다."라고 확언했다.

애플의 스티브 잡스는 "다양한 상황에서 기업의 목표와 비전을 말로 표현할 줄 아는 경영자의 능력은 앞으로 성패를 좌우하는 핵심 요인이 될 것이다."라고 말했다. 이는 말이 실력이 된 세상에 살고 있기 때문이다.

여전히 사람들이 가장 두려워하는 것 1위가 '사람들 앞에서 말하는 것'이라고 한다.

미국 사회는 이미 고등학교 교육과정에 스피치가 있어 말하기를 배우고 발표력을 기른다. 그래서 미국인들이 자신의 의사나 생각을 충분히 자신 있게 나타낼 수 있는 이유이기도 하다. 반면 우리나라의 중·고등학교 교육 과정 중 스피치를 배우는 일이 없다. 그렇다 보니 말이 어눌하고 표현력이 떨어지고 설득력이 부족하다. 그러다보니 리더십도 부족하다.

리더에게 무엇보다 중요한 것은 말하는 능력이다. 윗자리로 올라갈수록 스피치는 더욱 중요하다.

우리는 대부분의 자기표현과 다른 사람과의 커뮤니케이션을 '말'로 한다. 그래서인지 너도나도 말을 배워야겠다는 '스피치' 열풍이 불고 있다.

말할 기회도 많고 할 말도 많은 시대에 정작 말을 제대로 못 해서 전전긍긍한다면 이보다 안타까운 일이 또 어디 있겠는가?

약장수처럼 겉만 번지르르해서는 안 된다. 말의 골격에 심오한 사상과 깊이 있는 이론적 바탕이 있어야 한다. 즉 말에는 진실과 감성적 얘기를 바탕으로 소신이 담겨 있어야 상대방에게 믿음과 신뢰를 줄 수 있다.

물 흐르듯 유창하기는 하나 말에 알맹이가 없고, 내용이 유치하다면 그건 장터에서 약을 파는 약장수의 말처럼 그저 기계적으로 하는 말에 지나지 않을 것이다. 그칠 줄 모르고 솟아나는 약수처럼 막힘이 없고 들을 거리가 풍부한 이야기에는 누구나 귀를 기울이게 된다.

그렇기 위해서는 스피치 내용이 흥미로워야 한다. 사람들의 관심을 끌어 모으는 이야기로 가득 채워져 있어야 한다.

다음 요소는 사람들의 관심을 끌 수 있는 흥미 코드다. 몇 가지 요소들을 보면, 아래와 같다.

- 독창적인 것, 특이한 체험
- 새로운 정보나 사건 등의 소식
- 추상적이거나 논리적인 것보다는 구체적인 것
- 청중의 마음에, 형편에 맞는 효율적인 것
- 친근성, 즉 쉽게 공감할 수 있는 이야기나 에피소드
- 자극적인 요소
- 이야기에 대립되는 요소
- 유머가 담긴 웃음 코드
- 열정적인 제스처와 함께 전하는 것

부정적 생각과 말

커뮤니케이션을 원활하게 함으로써 사람들과의 관계에서 여러 가지 이득을 볼 수 있다. 특히 자신감을 가질 수 있고, 자신의 능력을 마음껏 발휘할 수 있다. 당연히 어떤 사람들과도 원활한 인간관계를 유지할 수 있을 것이다.

미국의 성공 철학자이자 작가인 지그 지글러는 '습관은 좋은 습관이냐, 나쁜 습관이냐에 따라 우리를 정상으로 끌어올릴 수도 있고, 밑바닥에 묶어 둘 수도 있다.'라고 말했다.

말에는 사람의 미래를 움직이는 힘이 있다. 그런가 하면

무엇인가 망가뜨리는 파괴력이 있다. 부정적인 말은 스스로 자신의 인생을 시시하게 만들고 파괴하는 능력이 있다. 그러므로 말은 선택이 중요하다.

어떤 말을 선택하여 사용하느냐에 따라 행복한 감정적 능력이 될 수 도 있고 황폐케 하는 능력이 될 수도 있다. 예를 들어, '~ 싫다.'와 '~좋다.'의 차이를 비교해 보면 알 수 있다. 프랑스 속담에 '칼로 베인 상처는 쉽게 낫지만 말로 베인 상처는 평생을 갈 수 있다.'고 했다.

다섯 살 된 아이의 손을 잡고 점쟁이를 찾아가는 어머니가 있었다.

그 어머니는 점쟁이에게 "이 아이는 앞으로 어떻게 되겠어요?" 하고 물었다. 그러자 점쟁이는 "이 아이는 아주 똑똑하고 장차 유명한 사람이 되긴 하겠는데 아깝게도 마흔세 살까지 밖에 못 삽니다."라는 충격적인 말을 하는 것이었다. 오래 살지 못하고 젊은 나이에 죽는다는 말을 들은 어린 자식은 충격을 받았다. 그 말이 머릿속에서 떠나지 않았다. 그 강박관념이 그를 얽어매었다. 어른이 되어 유명한 사람이 되었지만 어릴 때 점쟁이에게 들은 그 어둠의 그림자를 잊어버리려고 술과 마약에 빠져들었다. 결국 자신은 마흔세 살에 죽는다는 강박감을 이겨내지 못하고, 정말 마흔세 살의 아까운 나이에 세상을 떠나고 말았다.

이 사람이 바로 미국이 격찬했던 세계적인 가수 엘비스 프레슬리였다. 그의 죽음의 원인은 잘못된 믿음으로 인하여 마약중독이 가져온 결과였다. 그는 '걸어 다니는 약국'이라는 별명까지 얻었다.

부정적인 말은 그처럼 인간의 내면을 지배한다.

미국에서 기업을 대상으로 조사한 통계에 따르면 약 23%가 긍정적인 감성을 갖고 있는 반면에 약 77%가 부정적인 negative 감성을 가지고 있는 것으로 나타났다.

자신과 남을 위해 부정적인 말보다는 긍정적인 말을 사용해야 한다. 사람은 16세까지 자신에 대한 약 73%의 부정적인 메시지를 받는다고 한다. 그에 비해 긍정적인 메시지는 약 25% 정도만 듣는다고 한다. 따라서 인간은 그대로 방치하면 긍정적인 말보다 부정적인 말을 듣기가 쉽다. 더 큰 문제는 부정적인 말을 듣거나 사용하는 사람은 소극적인 인생을 산다는 것이다. 반면 긍정적인 말을 사용하면 적극성을 갖고 모든 것을 낙관적으로 보고 생산적이고 창조적으로 산다는 것이다.

다음은 미국의 성공학 강연자 스티브 챈들러의 '성공을 가로막는 13가지 거짓말'이다.

하나, 하고 싶지만 시간이 없어.
둘, 인맥이 있어야 뭘 하지.
셋, 이 나이에 뭘 하겠어.
넷, 왜 나한테만 이런 걱정이 자꾸 생기는지 몰라.
다섯, 이런 것도 못 하다니 나는 실패자야.
여섯, 사실 나는 용기가 없어.
일곱, 사람들이 날 화나게 해.
여덟, 이건 내 습관이야 내버려 둬.
아홉, 이건 내가 할 수 있는 능력 밖이야.
열, 맨 정신으로 그걸 어떻게 해.
열하나, 가만히 있으면 중간이라도 가.
열둘, 나 원래 이래.
열셋, 상황이 협조를 안 해 줘.

PART

4

달변가의 비밀

'달변가'란 연습과 지속적인 훈련으로 만들어진 말은 농담도 현실이 된다. 빈말일지라도 사람에게 큰 상처를 주기 때문이다. 기왕이면 빈말이라도 살리는 말을 하는 것이 좋다. 달변가의 말 한마디가 운명과 역사 그리고 환경을 바꾸어 버린다.

온 국민 강사시대

5분의 스피치에는 하룻밤의 준비가 필요하다.
● 미국의 제7대 대통령 토마스 윌슨

요즘은 말이 그 사람의 실력이 되는 세상이다. '온 국민 강사시대'라고 할 정도다. 말을 잘하면 출세가 빠르고 성공 기회가 넓어진다. 윗자리로 올라갈수록 말은 더욱 중요하게 작용한다. 앞으로는 단상 뒤에 숨어서 뻣뻣한 자세로 하는 말의 시대는 끝났다. 마이크에 얽매이거나 원고에 의존하는 말은 청중으로부터 즉시 외면당한다. 침묵의 언어로는 사람들의 마음을 절대 움직일 수 없다. 하지만 말은 얼마든지 후천적인 훈련과 학습을 통해 터득할 수 있다.

여전히 말의 능력은 모든 분야에서 성공의 원동력이다. 동서고금東西古今을 막론하고 성공한 사람들 대부분은 언변 능력을 갖추고 있다. 사람들과 소통을 잘하고 대중의 마음을 사로잡는 언변력을 갖고 있다. 말솜씨는 사람들에게 의욕을 북돋아 주고 호감을 주는 매력이 있다. 그래서 소통만 잘해도 성공자의 반열에 우뚝 설 수 있다.

대화, 프레젠테이션, 회의, 상담, 협상, 그것이 강연이나 발표든 상대방이나 청중을 이해시키고 설득시키는 행위다. 그러므로 말은 전략적이어야 한다. 말을 하는 데 있어 말하는 목적에 중심을 두지 말고 듣는 사람과의 공감대 형성에 목적을 두어야 한다. 그러므로 말은 내용이나 전달보다 확신에 찬 열정이 더 중요하다. 나아가 확신과 믿음을 주어 동조하고 결단케 하여 행동으로 옮길 수 있도록 하는 것이다. 이것을 우리는 말의 힘, 즉 화력話力이라 말한다. 요즘 사회적으로 말 잘하는 사람들에게 더 호감을 갖는다. 앞으로 더욱 말솜씨를 갖춘 사람에게 끌리게 될 것이고 말이 당신의 중요한 매력이 된다.

유머러스한 표현력

한 결혼정보업체가 수도권 지역 미혼여성을 대상으로 실시한 설문조사에서 학벌이나 스펙보다 말 잘하고 유머러스한 남자가 75%의 높은 선호도를 보였다. 또 연구조사 기관에서 진급이나 취업 등 출세하는 영역에서 뒤쳐지고 떨어지며 탈락하는 사람들의 90%가 인간관계(리더십)와 언변력이 가장 부족했다고 한다.

현대경영학의 아버지라 불리며 통찰의 대가인 피터 드러커Peter Druker, 1909~2005의 명언을 통해서 확인할 수 있다. 그의 명언 몇 가지를 보면 아래와 같다.

"인간에게 가장 중요한 힘은 표현력이며 현대의 경영이나 관리는 커뮤니케이션에 좌우된다."

즉 내가 무슨 말을 했느냐가 중요한 것이 아니라, 상대방이 무슨 말을 들었느냐가 중요하다. 그런데 우리나라 사람들은 정작 말을 유창하게 하지 못한다. 그 이유로 가장 큰 것이 바로 문화적 이유다. 말을 잘하고 유머러스한 표현력에 별 관심과 배우려는 문화가 없었다. 침묵은 금이고 말은 배워서 잘하는 것이 아니라는 문화 때문이다.

다음 아래의 항목을 체크해보면 이 의견에 동의를 하게 될 것이다.

- 과거부터 자기의견을 자유롭게 밝히는 것을 허락하지 않았다.
- 정해진 시간 내에 결론을 도출해내는 법을 모르고 있다.
- 상대편에 중심을 두고 명확하게 이야기하는 기법을 모른다.
- 한 말을 자꾸 반복하는 중언부언의 화법을 사용한다.
- 남 앞에서 얘기할 기회가 없었다.

그러므로 앞으로는 다음의 언어구사 표현법을 갖추어야 더욱 좋은 의사소통을 나눌 수 있다. 수시로 다양한 경험과 발표의 훈련이 필요하다. 적극적으로 기회가 주어졌을 때마다 아래의 기법을 적용하여 활용해보라. 공감을 이루게 될 것이다. 다음의 항목을 점검해 보자.

- 확실한 의사표현을 한다.
- 자기의 감정을 담아 전한다.
- 의미 있는 내용을 갖추어 말한다.
- 말할 기회가 주어지면 실전처럼 말한다.

언어구사 능력을 키우기 위해 가장 좋은 방법은 실제로

새롭고 색다르며 다양한 유형의 말을 해보는 것이다. 여러 가지의 형태의 언어를 몸소 체험하는 것 말이다. 꾸준히 다양한 독서를 하고, 사례나 예화 등을 스토리텔링으로 전해본다. 그리고 짧은 발표나 인사말, 강연이나 강의 또는 대화 등의 기회를 가져보는 것이다. 또 말을 잘하는 다양한 사람들을 보는 것도 큰 도움이 된다.

목표 선언서

언어구사의 대가大家가 되려면 먼저 당신의 각오와 목표가 있어야 한다. 그것도 글로 써야 한다. 큰 기대와 나도 할 수 있다는 희망을 안고 목표 선언서를 작성하기 바란다. 다짐과 확신대로 이끌어줄 것이다.

누구든 흔들림이 없는 확고한 꿈과 비전을 갖고 열정적으로 목표를 향해 전진한다면 사람들 앞에서 당당하게 말할 수 있다. 자신감 넘치는 태도가 나타날 것이다. 확고하고 분명한 목표를 향해 열정과 용기만 있으면 된다. 그래서 말을 잘하는 사람들의 공통점은 확고한 목표가 있다는 것이다. 이는 청중의 끌어당기는 힘을 발휘한다. 효과를 보고 싶다면 확고한 목표를 가지고 이루어질 것을 바라보자. 아래에 당신의 분명한 의지를 적어보자.

〈나의 목표 선언서〉

나는 _____

_____

이유로 달변가, 명강사, 명강의, 설득가, 연설가, 상담가가 되겠다.

나는 _____ 까지

_____ 을 하겠다.

달변가들의 비법

> 천재는 1%의 영감과 99%의 땀으로 만들어진다.
>
> ● 토마스 에디슨

 선천적으로 말을 아주 잘하는 달변가도 있지만 대부분은 후천적인 노력으로 만들어지는 것이다. 필자가 바로 그 대표적인 사람이다. 사람들 앞에서 제대로 입도 떼지 못했던 사람이 지금은 당당한 강사와 인기 교수로서 말을 가르치는 코칭 전문가로 활동하고 있지 않은가. 실전을 통해 터득한 노하우는 어떤 분야든 기술은 연습, 훈련, 반복이라는 세 박자 과정을 통해 만들어질 수 있다. 그러므로 유창하고 조리 있는 말은 타고난 사람보다 준비하고 훈련된 사람이 더 잘할 수 있다.

세상엔 선천적으로 타고난 재주를 가진 흔히 '천재'가 많다. 세계적으로 유명한 천재 중의 천재인 레오나르도 다빈치Leonardo da Vinci[2]도 우리가 알고 있는 것처럼 태어날 때부터 천재로 불리지는 않았다. 그는 스무 살이 되기까지 지독한 공부와 노력과 훈련을 통해 잠재되었던 천재성을 발휘하게 된 것이다.

피카소 역시 처음부터 천재와 같이 그렇게 그림을 잘 그린 것이 아니다. 평범한 아이가 천재적인 실력을 갖춘 화가로 도약하기 위해서는 10년이라는 훈련 기간이 필요했다. 토마스 에디슨의 명언이다.

"천재는 1%의 영감과 99%의 땀(노력)으로 만들어진다."

이는 천재를 만드는 데 영감보다 더 중요한 것이 훈련과 노력이라는 의미다. 대문호 괴테가 말했다.

"생각하는 것은 쉬운 일이다. 행동하는 것은 어려운 일이다. 생각하는 대로 행동하는 것은 더욱 어려운 일이다."

한마디로 천재는 타고나는 것이 아니라 이미 갖고 있는 천재성을 발견하고 발굴하여 발휘하는 것이다. 세계적 동기부

---

[2] 이탈리아의 화가·건축가·조각가(1452~1519).

여가 지그 지글러는 말하기를 "사람은 태어나는 순간부터 이미 성공자다."라고 했다. 지금 말을 잘하는 능력을 갖추기 위해 가장 필요한 것이 바로 피나는 연습과 준비뿐이다.

성공하는 리더가 되기 위해서는 많은 요인들이 있겠지만, 첫 번째 조건으로 필자는 언어구사 능력이라고 본다. 말을 잘하면 성공할 기회가 많아진다. 운명에 큰 영향을 준다. 단순히 막힘없이 술술 말을 잘한다고 해서 말을 잘한다고 하지는 않는다. 하는 말과 행동이 일치하는 언품이 좋아야만 한다. 그러므로 우리는 후천적인 연습과 노력을 통해 말솜씨를 계발해야 한다. 그렇게 만들어진 말은 훨씬 더 담백하고 정갈하게 느껴지게 된다.

표현력의 시대

미국의 커뮤니케이션 학자 앨버트 메러비언은 다음의 3가지를 갖추면 소통을 잘한다는 느낌을 상대방에게 줄 수 있다고 했다.

첫 번째는 비언어적 신체언어, 즉 제스처다(55%).
그 말에 맞는 적절한 제스처는 중요한 설득의 한 수단이다. 이는 언어 구성 요소 중 가장 많이 차지하고 있다. 제스처는 사람들을 집중시킬 수 있는 좋은 도구다. 몸의 움직임,

몸짓은 그 사람의 자신감을 드러내는 것이다. 당당한 자존감을 갖고 말을 전하게 된다.

두 번째 요인은 목소리다(38%).

어떤 목소리 톤과 음색을 갖추고 있느냐는 매우 중요하다. 상대방을 배려한 목소리는 공명하며 소리의 변화를 갖고 동그랗게 밀어내는 목소리다. 따뜻한 마음을 전하는 목소리, 이런 목소리가 호감을 주는 목소리다.

마지막으로 세 번째는 논리적인 구조를 갖추고 있는 내용이다(7%).

서론, 본론, 결론에 입각해 짜임새 있는 구조를 갖춘 탄탄한 논리가 중요하다. 좋은 말은 쉽고 간결하게 말해야 한다. 그러기 위해서는 쉽고 적당한 어휘를 사용해야 하며 문장을 길게 끌고 가지 않고 짧게 사용하면 된다. 그리고 청중들이 지루하지 않도록 다양한 에피소드나 스토리를 넣어서 말하면 된다. 보통 사람들은 말을 잘하고 싶어 한다. 수시로 자신의 생각과 의견을 말하고 싶어 한다. 또 말을 잘하는 사람들을 보면 부러워한다. 그러나 정작 사람들 앞에만 서면 식은땀이 줄줄 흐르고 몸이 덜덜 떨리고, 머릿속이 하얗게 되며 말문이 막혀 입이 떨어지지 않는다.

현대는 자기 표현력의 시대다. 달변의 능력을 갖추면 자신의 목표를 성취하는 데 매우 쉽게 다다를 수 있고 사람들 앞에서 말할 기회가 많아지게 된다. 그리고 인정받는다. 표현력이 좋은 사람은 그렇지 못한 사람에 비해 넓은 대인관계를 갖게 되고 길이 보이며 성공적인 삶을 살 수 있다.

그렇다. 누구든 여기 지침서대로 차근차근 숙지하고 따라온다면 짧은 시간 안에 말주변이 늘어나고 달라진 말솜씨를 경험하게 될 것이다.

누구나 당당하고 유창한 달변가가 될 수 있다. 거침없이 당당하게 말하는, 유창하게 술술 말을 잘하는 말꾼이 되어 있는 자신을 곧 발견하게 될 것이다.

표현의 힘

'표현력'이란 공감된 소통을 위해서는 표현력이 중요하다. 질문, 설명, 설득, 에피소드, 스토리적 이야기 모두 표현력이다. 한마디 표현이 삶을 바꾸는 힘이다. 표현은 씨앗을 심는 것과 같다.

스펙을 뛰어넘는 표현력

얼마 전, 한 앙케트 결과에 따르면 채용 면접에서 인사담당자의 68.3퍼센트가 '커뮤니케이션'을 가장 중시 항목으로 꼽았다고 한다. 지금은 누가 뭐래도 커뮤니케이션을 매우 중시하는 시대에 살고 있음을 부인할 수 없다. 성공으로 나아가는 제일의 자원임을 인정하고 있다.

인생과 비즈니스에서 성공한 사람은 어떤 형태로든 소통을 잘 이해하고 그것을 효율적으로 활용하는 사람들이다. 인간은 눈을 뜨면 하루의 시작부터 커뮤니케이션을 하며 살아간다. 인간의 모든 행동을 커뮤니케이션이라 할 수 있다. 우리의 일상생활에서 가장 지배적인 부분이기도 하다.

표정, 말, 신체동작, 소리, 따뜻함, 권위, 맛, 입맞춤, 포옹, 인사 등등 다 인간의 커뮤니케이션이다. 그래서 필자는 이렇게 외치며 하루의 삶을 시작한다.

"인생은 커뮤니케이션이다!"

얼마 전, 기존의 자동차 보험을 바꿔 다른 보험사로 가입하게 되었다. 이유인즉, 보험 설계사의 절절한 비유와 설득은 나의 마음을 움직이기에 충분했다. 보험의 내용은 하나도 기억나지 않는다. 다만 그에게 가입하고 싶다는 마음이 강하게 들었을 뿐이다. 나는 그의 설득력에 매료되어 버린 것이다.

잘 알다시피 예전에는 회사 내 모든 업무에서 실력을 최고의 전문성으로 보았다. 지금도 중요하지만, 요즘은 우선적 가치 있는 실력을 '표현의 능력'으로 매긴다는 것이다. 그래서 표현의 능력을 갖추면 항상 좋은 결과를 얻게 된다. 표현력이 떨어지면 인정받기가 어렵고 밀려나는 시대에 살고 있다. 흔히 반장, 회장, 위원, 이사장, 대통령 등을 선택할 때 무엇을 보고 듣고 판가름하는가? 역시 그 사람의 표현의 능력을 보고 결정한다.

대부분의 사람들은 자신의 분야에 대한 전문성, 즉 실력은 충분히 지니고 있으나 그 실력을 설명하거나 타인과의 협상에 능하지 못하다는 특징이 있다. 특히 대중 앞에서, 높은 위치에 있는 임원들에게, 또 낯선 사람들 앞에서 말을 하거나 설명한다는 것을 꽤나 힘들어한다. 아마도 스피치 콤플렉스나 성격 탓일 수도 있으나 표현법을 배우지 않은 문제가 가장 크다.

만약 당신이 변호사의 도움을 받아야 된다고 한다면, 의사와 상담이 필요하다면, 법무사나 전문 상담사의 도움을 받아야 한다면 어떤 사람을 선택하겠는가?

아마도 변호사는 법률 상담을 쉽게 설명하고 상대를 이길 수 있는 언변력을 갖춘 변호사를 택할 것이고, 의사는 무뚝뚝한 의사보다는 친절하게 증상에 대해 설명해주는 의사를 선택할 것이다. 강사의 스펙도 중요하지만 뛰어난 강의 전달력을 갖추고 스토리로 말하는 강사를 선택하는 것은 자명한 것이다. 쉽게 내 마음을 어루만져 줄 수 있는 능숙한 표현력을 가진 사람에게 대부분은 기울어질 것이다. 아무리 전문성이 뛰어나더라도 표현력이 뒷받침되지 않는다면 주변 사람은 당신의 실력을 인정할 수 없는 것이다.

표현력의 중요성에 동의하지 않는 사람은 드물 것이다. 그렇다면 "당신은 사회인(社會人)이 될 때까지 설명, 설득, 표현하는 법을 배운 적이 있는가?"

보통 이런 질문을 하면 대답은 거의 같다.

"없습니다.", "특별히 배운 적이 없다!", "그것도 배워요?" 등의 반응이다.

인간관계와 조직 활동의 문제는 모두 표현력 부족 때문이다. 소통 능력은 인간관계를 좋게도 하고 나쁘게도 한다. 또 성공으로 나아가는 데 가장 중요한 도구다.

상사와 부하 사이가 삐걱거리는 것이 보통은 표현력 부족 문제가 대부분이다. 선배나 후배 간 서로 소통이 잘되지 않으면 이것 역시 표현력 부족 때문이다. 가정에서의 문제를 야기시키는 것을 보면, 거의 다 표현력의 부족으로 인한 것이다. 사람들과의 관계 역시 표현력에 의한 결과다. 그러므로 최고의 스펙은 표현력 능력이다.

감성적 공감 표현력

어느 상황에서 커뮤니케이션을 알기 쉽고, 정확하게 전달했는지는 내가 판단하는 것이 아니라 상대방이 판단하는 것이다. 그러므로 상대방에게 알기 쉽게 전달하기 위해서는 반드시 다음 요소가 필요하다.

우선 구체적인 이미지를 그릴 수 있게 쉽게 전달한다. 생각나는 대로 두서없이 말하는 것은 표현이라고 말할 수 없다. 느낀 대로 즉흥적으로 말하는 것도 바람직한 표현이 아니다. 즉

홍적인 말은 결국에는 '전달하고 싶은 것'에서 벗어나게 된다. 그렇다면 알기 쉽고, 정확하게 공감하게 하는 커뮤니케이션 비결은 바로 전달자가 결론을 말하지 않고 상대방이 생각하게 유도하는 것이다.

예를 들어 당신이 듣는 사람에게 미국의 대통령 '버락 오바마'를 말하고 싶다면, 그럴 때 단순히 '오바마'라고 직접 언급하기보다 더 효과적인 방법이 있다. 말에 집중까지 시키면서 스스로 생각하게 하는 질문을 하는 것이다.

"미국의 최초 흑인 대통령이 누구입니까?"

이 질문을 들은 청중들은 생각하게 된다. 즉 상대방을 직접 참여하게 하는 커뮤니케이션을 말하는 것이다. 똑같은 내용을 전달하더라도 표현하는 방법이 다른 효과를 낳는 것이다.

토끼와 거북이가 경주를 하는 이야기의 교훈은 누구나 쉽게 이해하고 알아듣는다. 성실하게 자기 할 일을 하는 사람이 결국 승리한다는 교훈을 모두에게 전달할 수 있다. 즉 감성적 공감 표현으로 말을 하라는 것이다.

이처럼 구체적인 이미지를 그릴 수 있게 전하는 표현은 성공한다. 통하게 되어 있다. 사람들의 가슴을 파고들어가게 된다. 잘 표현한 말은 감동을 주게 된다.

한마디 표현

인생은 표현이다. 인생과 비즈니스에서 성공한 사람은 어떤 형태로든 표현을 잘 이해하고 그것을 효율적으로 표현하는 사람이다. 인간은 하루도 표현을 하지 않고는 살 수 없는, 혼자서 살아갈 수 없는 사회적 존재이다. 대인관계를 원활히 유지하려면 어떤 형태로든 표현의 능력을 습득하여 사용할 수 있어야만 한다. 따라서 우리가 얼마나 표현에 대해 올바르게 이해하고 삶에 적용하느냐에 따라 인생이 달라질 수 있다. 그렇기 때문에 '인생은 표현이고 비즈니스도 마찬가지이다.'라는 말이 설득력을 얻는 것이다. 아래의 말을 눈여겨 읽어보자.

축복의 표현 능력은 가장 위대한 능력이다.
사랑의 고백 능력은 위대한 역사를 만든다.
잘 표현하는 능력을 배우면 행복하다.
표현에 능숙하면 성과가 올라간다.

그러므로 '인생은 표현이다.'라는 의미다. 인생은 우리의 표현에 의해 결정된다. 지금 진심을 담아 멋지게 표현해 보자. 표현한 그대로 현실화되는 것을 경험하게 될 것이다.
머릿속에 많은 정보, 마음속에 품은 느낌만 가지고는 감동을 공감할 수 없다. 우리는 좋은 생각과 아름다운 사랑을 잘 표현할 줄 알아야 한다. 그래서 잘 표현하는 언어는 능력이 된다. 섬세하고 진심으로 감정을 실은 표현은 깨달음을 주고 울림이 되어 변화를 일으킨다.

표현은 씨앗을 심는 것과 같다. 땅에 뿌려진 한 톨의 씨앗은 열매라는 기적을 맺는다. 이처럼 표현은 씨앗과 같이 엄청난 잠재력을 가지고 있다.

나는 표현하는 언어의 능력을 날마다 경험하며 살고 있다. 그래서 다음의 글귀를 표현한다.

한마디 표현이 실질적 삶에 그대로 현실화된다.
한마디 표현이 사람을 살리기도 하고 죽이기도 한다.
한마디 표현이 사람을 치유하기도 하고, 상처를 주기도 한다.
한마디 진심 어린 격려의 표현이 쓰러진 사람을 일으킨다.
한마디 표현이 절망에 빠진 우리에게 소망을 줄 수 있다.
한마디 표현 때문에 사람을 얻을 수 있고, 잃을 수도 있다.
한마디 표현이 비수가 되어 우리 가슴을 찌를 수 있다.
한마디 표현이 깨어진 관계도 회복될 수 있다.
한마디 표현이 새로운 역사를 창조한다.
한마디 표현은 큰 감동을 줄 수 있다.

우리의 표정도, 미소도, 감사도, 칭찬도 기적을 만드는 표현이다. 접촉과 교류도 사랑의 표현이다. 스킨십은 더 큰 감동을 낳는다. 그래서 나는 수시로 신뢰하는 사람들과 허깅 Hugging(서로 껴안아주는)을 한다.

표현을 잘하면 지금보다 더 풍성한 삶과 복을 누리게 되고 진한 사랑을 나누며 강한 회복이 일어난다. 놀랍게도 우리 모두는 엄청난 잠재력을 가지고 있다. 마음만 먹으면 얼마든지 표현을 잘하고 기적을 만드는 힘을 갖고 있다. 이 힘을 사용하기 위해서는 실천하는 자세가 중요하다. 여기서 배운 것은 표현해야 하고 반복해야 한다는 것이다. 그리고 삶의 현장에 실질적으로 적용한다. 그래야 능력의 표현자가 될 수 있다.

한 부부가 있었다. 남편은 아내에게 좀처럼 사랑 표현을 하지 않았고 먼저 말도 걸지 않았다. 그는 마치 아내에겐 관심도 없는 듯했다. 그러다 아내가 병에 걸리고 말았다. 병원에서 진단 결과 병명을 알 수 없었다. 병의 원인을 찾기 위해 의사는 남편과 아내와 이런저런 대화를 나누었고 의사는 병의 원인을 찾게 되었다.

남편은 아내에게 단 한 번도 사랑 표현을 하지 않은 것이었다. 즉 아내는 사랑병에 걸린 것이었다. 그래서 의사가 지혜를 짜내어 남편에게 연락했다.

"아내가 수혈을 받아야 하는데, 마침 남편의 혈액이 맞으니 수혈을 하시겠습니까?" 이에 남편은 "그렇게 하겠다."고 대답했다.

수혈을 하기 위해 남편은 아내 옆에 누웠다. 팔에 주사바늘을 꽂은 남편은 아내에게 수혈을 하는 줄 알았다. 하지만 의사는 단지 바늘만 꽂고 다른 수액을 아내와 남편에게 공급하고 있었다. 단지 남편과 아내가 수혈 중이라 느끼도록 하였다.

아내가 눈을 떠보니 남편이 자기 옆에 누워 주사바늘을 꽂은 채 수혈해 주고 있었다.

"여보, 여기 어쩐 일이에요. 지금 나를 위해 당신의 피를 뽑고 있는 건가요? 당신은 나를 사랑하지 않잖아요."

"여보, 그런 말이 어디 있어. 나는 당신을 사랑하오. 단지 표현을 하지 못했을 뿐이오. 속으로 얼마나 사랑하는데."

그 사건 이후로 아내의 원인 모를 병은 낫고 두 사람의 관계는 회복되었다. 사랑 병이 치유된 것이다. 사랑은 표현해야 하는 것이다. 사랑의 표현은 치유제이다. 닫힌 마음의 문을 여는 열쇠이다.

그렇다면 우리는 가족들을 사랑하고 있음을 얼마나 자주 표현하고 있는가?

친구들에게 얼마나 자주 사랑을 표현하고 있는가?

직장 동료들을 향해 사랑을 어떻게 고백하고 있는가?

상황 표현을 잘하고 있는가?

다음 장으로 넘기기 전에 사랑하는 사람, 소중한 사람에게 다음과 같이 표현해 보자.

"○○○ 씨, 사랑합니다."

환대의 한마디

'환대어'는 데일 카네기의 말을 통해 알 수 있다.

"여러분은 여러분의 힘으로 이 세상의 행복 총량을 쉽게 증가시킬 수 있다. 그 방법이 궁금한가? 바로 외롭고 절망에 빠진 사람들에게 그들의 가치를 인정해 주는 몇 마디의 말을 진지하게 건네는 것이다. 비록 여러분은 오늘 했던 그 친절한 말을 내일이면 잊어버릴지라도 이를 들은 사람은 평생을 간직할 것이다."

환대의 한마디

마음을 훔치는 말 가운데 으뜸은 추임말이다. 추임말은 어떤 특정의 언어를 일컫지 않고 사람의 사기와 흥을 돋우는 모든 표현을 포괄적으로 가리킨다.

미식축구계의 역사적 인물 루 홀츠Lou Holts가 인디애나 주 노트르담 대학 미식축구 팀 감독으로 부임했을 때, 팀 성적은 최하위였다. 그러나 그는 선수들을 향해 항상 '챔피언'이라고 불렀다. 그리고 단 2년 만에 선수들은 자신들이 챔피언이라는 것을 우승으로 증명했다. 환대와 긍정의 말이 자의식도 바꾼 것이다.

19세기 영국의 빅토리아 여왕 부부는 금슬이 좋았다.
하루는 여왕이 앨버트 공의 방문을 두드렸다. 방안에서 남편이 물었다.
"누구시오?"
여왕은 기뻐서 "여왕이오!"라고 대답했다.
그러나 방 안에서 아무런 답이 없었다. 몇 번 더 노크를 했지만 방안에서는 묵묵부답이었다. 잠시 생각에 잠겨 있던 여왕이 이내 미소를 지으며 다시 노크했다. 그러곤 이렇게 말했다.
"여보, 당신의 아내, 빅토리아예요."
곧 방문이 열렸고, 앨버트 공이 활짝 웃으면서 맞이해주었다.

같은 의미의 말이지만 감정이 담기지 않은 공적인 메시지는 남편의 방문을 열수 없었다. 그러나 다정한 말투로 아내라는 신분을 밝히고 공감을 불러일으키는 대화가 남편의 방문을 열 수 있었다.
우리는 마음의 문을 여는 한마디로 공감을 나눌 수 있어야 한다.

아리스토텔레스는 "부^{富}를 이용하는 가장 좋은 방법은 바로 사람을 '환대'하는 것이다."라고 말했다. 스승인 플라톤은 "환대야말로 거룩한 의무다."라고 강조하기도 했다. 철학자 칸트 역시 영국적인 평화를 위한 시민법으로서 '지구적 규모의 보편적 환대'라는 개념을 주장했다.

지금 '어서 오십시오'라는 '환대'의 말을 서로 나누어보자. '잘 오셨습니다.', '만나 뵙게 되어 기쁩니다.', '환영합니다.', '반갑습니다.'라고 웃는 얼굴로 인사하자. 우리 모두는 환대받기 위해 태어난 존재니까!

오늘부터 사람들을 객관적으로 비평하거나 가르침을 주는 것이 아니라 환대해주고 그 사람에게 "안녕하세요."라고 말해 주는 언어 혁명이 있기를 바란다.

인사^{事}가 없는 민족은 지구상에 하나도 없다. 아무리 낯선 사람에게도 "반갑습니다."라고 말을 걸면 상대방은 안심하고 기쁨으로 인사를 받아 준다. 이 인사는 기분을 좋게 만들어 주는 힘이 있다.

산길에서, 처음 들어간 식당에서, 엘리베이터 안에서, 우연한 만남일지라도 그곳이 어디든 "반갑습니다."라고 인사를 나누면 상대에게 그 인사는 새의 지저귐처럼 정겹게 들린다.

'반갑습니다.'라는 말은 '나는 당신의 적이 아닙니다. 안심하십시오.', '만일 무슨 일이 있으면 도와 드리겠습니다.'라는 의미이기도 하다. 또 '여기서 당신을 만나니 기쁩니다.', '이 멋진 시간을 당신과 함께 보내고 싶습니다.'라는 마음까지 포함된 것이다. 그래서 '반갑습니다.'라는 인사는 잘 통한다.

힘들지만 용기를 갖고 인사를 해보자. 용기와 미소에 담긴 '반갑습니다.'라는 인사로 멋진 친구가 생긴다는 것 또한 기대하자. 그래서 '안녕.', '잘 있어.'라는 가벼운 인사도 다시 만날 수 있음을 의미하는 인사다.

"그래도 괜찮아.", "많이 사랑해."
"네가 정말 좋아.", "뵙게 되어 반갑습니다."
"기다리고 있었는데, 어서 오십시오.", "오늘 했던 것, 미안해!"

'정말 좋아'라는 한마디

지금도 생생하다. 중학교 시절, 처음으로 해간 숙제를 보시고는 선생님은 밝은 얼굴로 '정말 좋아.'라고 말해 주셨다. 그것이 나로 하여금 꿈을 갖게 해주셨다. 오늘 내가 여기까지 올 수 있었던 계기도 '정말 좋아.'라는 한마디 때문이었다.

'정말 좋아.'라고 말해 주는 것만큼 멋진 일이 있을까? 이 말은 많은 사람들에게 '나도 사람들로부터 사랑받을 만한 가치가 있다.'라는 자신감을 갖게 해준다. 내가 그랬기 때문이다.

어려울 때 힘이 되는 말은 거창하고 휘황찬란한 말이 아니다. 딱 한 마디면 충분한다. 힘들어하는 사람에게 도움이 되는 말 역시 유창하고 화려한 말이 아니라 진심 어린 격려의 한마디면 된다.

방향이나 진로를 찾지 못해 헤매는 사람에게도 지혜의 한마디면 충분하다.

진실하고 아름다운 말이면 그 한마디로 타인과 충분히 좋은 관계를 맺는다. 개인적인 생각으로 우리나라가 항상 OECD 국가 가운데 행복지수 꼴찌를 도맡는 까닭이 여기에 있지 않나 싶다. 우리는 따뜻한 말을 하는 것에 익숙하지 않다. 힘이 되는 말들은 어렵게 생각할 필요가 없다. 우리들이 평소 쓰는 말로도 충분하다. 이런 말들이 있다.

예를 들면, '정말 좋아.', '어서오세요.', '안녕.', '사랑해.', '감사합니다.', '함께.', '고마워.', '우리.', '네.', '미안합니다.', '괜찮아.', '믿어.' 등 따뜻한 한마디 안에는 엄청난 힘이 담겨 있다.

이제 용기를 내어 살리는 한마디를 서로에게 말할 수 있었으면 한다. 환대해 주고, 호의를 베풀며, 섬김이 모두 제공되는 소중하고 가치 있는 한마디를 하는 것이다.

'오아시스' 말씨

1964년 일본은 외국인들을 더 많이 유치하기 위한 한 방법으로 "오아시스" 캠페인을 범국민적으로 펼쳤다고 한다. 이는 인사성이 밝고 인성교육의 중요성을 알리고자 앞 글자를 딴 말이다.

'오아시스'는 '오하요-고자이마스(안녕하십니까)', '아리가또-고자이마스(고맙습니다)', '시쯔레이시마스(실례합니다)', '스미마셍(죄송합니다)'

이것이 기를 살리는 언어 틀이다.

일본 속담에 보면 이런 말이 있다.

"친절한 말 한마디가 3개월간의 겨울을 따스하게 해준다."

'천금 말씨'의 저자 차동엽 신부는 3대 천금 말씨를 다름 아닌 "감사합니다.", "고맙습니다.", "미안합니다."라고 말했다.

그렇다. '축하'의 말씨, '축복'의 말씨, 그리고 '칭찬'과 '격려'의 말씨를 온 국민이 사용할 때, 국가의 가치가 올라가 우리의 행복지수가 올라가서 모두 행복한 삶을 살게 될 것이다.

"축하합니다.", "축복합니다.", "덕분입니다.", "대단하십니다."

"실례합니다.", "신세 많이 졌습니다.", "참 맛있게 잘 먹었습니다."

"감사합니다."

이것이 나의 표현이자 말의 힘이 되어야 한다.

기네스북에 '세계 최장수 부부'로 기록된 어느 영국인 부부의 금슬의 비결을 묻는 한 기자의 질문에 아내는 이렇게 답했다.

"나는 항상 '미안해.'라는 말을 하는 데 주저하거나 두려워하지 않았습니다."

지혜 화법

세계를 움직이는 유대인의 힘, 바로 지혜 화법에서 그 해답을 찾을 수 있다. 역사학자 토인비는 가장 우수한 사람을 많이 배출한 민족을 유대인이라고 말했다. 여전히 우수하고 탁월한 민족이라 하면 유대인들을 말한다.

유대인들은 말을 참 잘하는 것으로 알려져 있다. 많은 학자들이 유대인들의 성공 비결로 '후츠파chutzpah' 정신을 꼽는다. "후츠파"라는 단어의 의미는 '뻔뻔스러움', '당돌함', '철면피', '놀라운 용기'란 뜻이다.

그들은 대화, 토론, 질문 등을 통해 언어의 틀을 갖추어 생산적인 대화를 한다. '유대인은 둘인데 의견은 셋'이라는 말이 있을 정도로 이스라엘에선 열띤 토론이 생활화되어 있다. 한마디로 긍정적 창조정신의 '후츠파'는 유대인이 각 분야의 두각을 나타내는 우수한 민족으로 불리는 이유다. 거기엔 유대인들만의 특별한 교육법이 있기 때문이다.

유대인들은 다섯 살이 되면 유치원을 보내는데, 유치원 시절부터 대부분 언어교육을 받는다. 그 언어교육으로는 대화법, 설득법, 질문법 등을 집중적으로 학습한다. 그 다음으로 지혜의 가르침인 탈무드를 외우고 배운다. 주로 1:1 교육방법, 소그룹 형식으로 상대를 설득시키는 발표를 학습한다.

이렇게 언어교육을 유치원 시절부터 배웠다고 했을 때, 그들의 설득력은 가히 어떤지 알 수 있다.

미국에서 가장 많은 변호사를 둔 민족이 유대인들이라고 한다. 또한 미국의 유명 대학교의 교수가 가장 많은 것도 유대인들이다. 노벨 평화상 3분의 1이 유대인들이다.

무엇이 유대인들을 세계적으로 위대한 민족으로 만들었는가?

바로 '하브루타' 교육방법이다. 이는 질문을 중요한 교육방법으로 활용하고 있는 유대인의 대화식 전통교육방법이다. 이는 짝을 지어 질문하고 대화하고, 토론하고, 논쟁하는 것이다. 즉 서로 짝을 지어 서로의 최상의 아이디어와 생각을 끌어낸다. 그리고 나누는 것이다.

다음은 유대인들의 〈지혜 화법 7가지〉이다. 이것이 대화의 매력 포인트가 되어야 할 것이다. 즉시 우리의 생활에 적용해 보자.

첫 번째,   연장자부터 발언권을 준다.

두 번째,   이야기 도중에 끼어들지 않는다.

세 번째,   말하기 전에 먼저 생각한다.

네 번째,   당황하면서 서둘러 대답하지 말라.

다섯 번째,   질문과 대답을 간결하게 하라.

여섯 번째,   처음 할 이야기와 나중 할 이야기를 구별해야 한다.

일곱 번째,   잘못 말한 것은 솔직하게 인정하라.

PART 5

말의 위력

비언어 소통의 기술

'비언어 소통'은 모든 감성적 언어이다. 자연스럽고 반가운 스킨십, 먼저 내미는 악수, 진심 어린 포옹 그리고 진심 어린 눈빛도 비언어적 소통이다. 인사의 언어는 감사의 마음을 전하는 비언어이다.

비언어적 접촉

사람이 임종을 앞두고 가장 많이 하는 말이 뭘까? 바로 '손'이다. 입을 벌릴 기력조차 남지 않은 생의 마지막 순간, 한 번 더 가족의 체온을 느끼기 위해 '손 좀 잡아달라.'고 한다는 것이다.

사랑의 언어 스킨십은 위대하다. 그 어떤 언어보다 강력하다.

실제 삶의 관계 속에서 장황한 백 마디 말보다 따뜻한 손을 내민다든가, 가벼운 포옹, 얼굴에 키스, 입맞춤, 격려차 스킨쉽 등 이런 비언어적 접촉은 한 사람의 운명을 바꾸기에 충분하다.

사랑이 담긴 가벼운 신체적 접촉은 우리가 배우는 첫 번째 언어다. 이는 그 어떤 것보다도 더 많은 감정을 전달할 수 있는 가장 풍부한 감정 표현 수단으로 커뮤니케이션의 중요한 도구이다.

UC 버클리의 마이클 크라우스 교수가 주도한 연구 결과에 따르면, 포옹과 같은 가벼운 신체적 접촉은 옥시토신이라는 호르몬의 분비를 촉진한다고 하였다. 또한 신뢰감을 느끼게 하고 스트레스를 줄이는 역할을 한다고 한다. 결국 따뜻한 신체적 접촉은 사람의 생각이나 행동에 변화를 주어 더 좋은 성과를 가져오게 한다.

사랑의 신체적 접촉은 활력 호르몬인 테스토스테론이 분비되도록 한다. 반면 스트레스 유발 호르몬인 코르티솔은 감소하게 한다. 그러므로 적극적인 비언어를 사용하도록 하자. 비언어적 제스처는 논리적인 말보다 훨씬 더 강력한 영향을 끼친다.

사랑을 담아 스킨십을 하면 상대방의 적극적인 태도를 유도할 수 있다는 연구 결과가 있다. 지도자, 교수, 선생님, 부모 등이 사랑의 마음을 담아 상대의 손이나 등, 팔이나 머리를 쓰다듬어 준 사람들은 그렇지 않은 사람들에 비해 훨씬 더 적극적이었다. 의사로부터 따뜻한 신체적 접촉을 받은 환자들 또한 그렇지 않은 이들에 비해 회복이 더 빨랐다고 한다.

또 사람들과의 관계에서 상대의 어깨나 손을 살짝 접촉함으로써 좋은 성과를 올라오게 되었다. 상대의 감사 표시로써의 접촉은 경계를 무너뜨리고 교감을 형성하는 소통이 된다.

당신은 지금 관계하는 사람들에게 가벼운 신체적 접촉을 통해 격려하며 사랑을 전하고 있는가? 사람들과 감동적인 말을 하고 싶다면, 자연스럽고 반가운 스킨십을 해야 한다. 주저하지 말고 먼저 악수를 청하고 어깨를 토닥여 주고, 진심 어린 포옹도 건네야 한다.

반갑고 따뜻하며 가벼운 신체적 접촉은 직위고하를 막론하고 소통되는 최고의 수단이다.

한 수가 더 높은 인사 말씨

최고의 서비스 언어는 인사의 말이다. 무엇보다도 평소에 상대의 호감을 사는 데 가장 좋은 방법 중 하나가 바로 인사하기다. 먼저 인사성이 바른 사람, 예의 바른 사람으로 한 수 높은 평가를 받고 시작하게 된다.

인사는 자신을 상대방에게 알리는 첫 번째 단계로, 상대방에 대한 호의와 존경심, 서비스 정신을 나타내는 마음가

짐의 외적 표현이다. 인사는 궁극적으로 자신을 위한 것이다. 인사를 통해 신뢰감을 전달 할 수 있고, 상대방의 마음을 열게 해 원만한 인간관계 형성의 토대가 된다. 특히 비즈니스 관계에서 정중하고 올바른 인사는 회사의 성실한 이미지를 심어주는 포인트가 된다. 아울러 인사는 상대의 인격을 존중하고 배려하며 경의를 표시하는 수단이다. 그리고 인사의 언어는 감사의 마음을 전하는 수단이다.

인사는 진심에서 우러나오는 인사여야 즐겁고 행복하다. 그리고 편안하다. 그러나 형식에 치우친 인사는 부담스럽다. 또한 인사의 언어는 웃는 얼굴로 다정하게 상대방의 눈빛을 바라보며 해야 한다. 이는 상대방의 존재를 인정해 주는 것이다.

기억하자. 인사는 먼저 하되 정중하게 하자. 인사에 맞는 말과 함께 말이다.

관점

사람들은 각자의 보는 관점point to view을 갖고 있다. 즉 '보는 위치'를 말하는 것이다.

사람마다 늘 정해진 자리에서 자기중심으로 무엇인가를 바라본다. 그러나 그동안의 보는 관점에서 벗어나야 감동적인 말을 할 수 있다. 옛말로는 '역지사지易地思之'이다. 이는 우리의 삶을 조화롭고 풍요롭게 해준다. 자기중심을 탈피해서 상대방의 입장에서 봐야 한다. 모든 가능성을 열어놓고 봐야 한다.

'다름'을 틀렸다고 하여 배척하는 것은 옳지 않다. '다름'은 '틀림'이 아니기 때문이다. '다름'은 다양성의 풍요로 꽃을 피우는 에너지이다. 다양성이나 차별성은 큰 축복이다. 발전할 수 있는 에너지이기 때문이다. 다음의 예는 틀림이 아닌 다름을 인정하는 말들이다.

"그가 늦은 것은 아마 사정이 있었겠지."
"그렇게 생각하는 것도 일리가 있다."
"내 생각은 이런데, 당신의 생각은 어때요?"
"참 좋은 말을 해줘서 고마워요."
"그것도 대단하다."

어디에 관점을 두느냐에 따라 틀리게 보이기도 하고, 다르게, 특별하게 보이기도 한다. 상대와 상황의 단점에 포인트를 두지 말고 장점을 찾아 그 강점을 보자. 기적을 만들 것이다.

이러한 다름의 관점이 차별화된 창의적 언어는 물론이고 편안하고 부드러운 비언어를 발휘하게 된다.

경청의 언어

삼성그룹의 창업주 이병철 회장은 마지막 유언으로 아들에게 남긴 말이 바로 "경청"이었다고 한다.

소통에는 '말하기, 듣기, 쓰기, 읽기'가 있는데 이 중에 가장 어려운 소통이 바로 '듣기'이다. 듣기는 많은 노력이 필요하다.

성공한 사람들을 보면 말을 하기보다는 잘 듣는 사람들이었다. 진짜 상대의 마음을 사로잡는 화술이 뛰어난 사람은 상대방으로 하여금 말을 되도록 많이 하게끔 유도하는 능력이 있다. 그리하여 상대방에게 좋은 인상을 주고, 상대방의 이야기를 통해 많은 정보를 얻기 때문에 성공할 수 있었던 것이다.

천재 물리학자 아인슈타인에게 한 학생이 물었다.

"교수님같이 위대한 과학자가 될 수 있는 비결이 무엇입니까?"

아인슈타인은 이렇게 대답했다.

"입을 적게 움직이고 머리를 많이 움직이게."

말은 적게 하고 많이 들으라는 말이 있다. 자신의 일에 골몰하는 사람이나 전문가들은 말을 많이 하지 않는다. 사람이 태어나서 말을 배우는 데는 2년쯤 걸리지만 침묵을 배우는 데는 60년이 걸린다고 한다. 경청의 언어에 능숙하면 소통의 달인이 될 수 있다. 말하기도 배워야 하지만 듣기는 더 열심히 배우고 연습해야 한다. 다음은 경전의 가르침이다.

> 남의 말에 귀를 기울여라, 신중할지어다.
> 그러나 말수는 적어야 하느니라.
>
> 묻는 사람이 없거든 절대 입을 열지 마라.
> 물음을 받거든 당장 간단히 대답하라.
>
> 행여 물음에 대해 모른다고 해도
> 그것을 고백하기를 부끄러워하지 말라.

희망의 한마디

 희망을 품은 사람의 입에서 내뱉은 '희망'이란 말은 살아서 계속 움직이고 활동한다. 놀랍게도 희망의 말은 사람을 건강하게 하고, 희망차게 하며, 행복을 느끼게 한다. 또 에너지를 갖게 하며 상처를 치유하게 한다. 명랑하게도 하고 사랑이 성사되게 하며 감화와 감동을 주어 새로운 창조를 만든다.

나의 마음 상태 진단하기

 혹시 말 때문에 창피를 당한 적은 없는가? 사람들 앞에서 이야기할 때, 너무 긴장하고 흥분하여 떨려서 창피를 당한 적은 없는가?

 사람들은 이런 경험을 면접, 자기소개, 인사말, 발표, 그리고 연설 등을 통해 한 두 번쯤은 느껴봤을 것이다. 먼저 다음의 진단을 통해 현재 자신의 상태를 파악해야 한다.

 사람의 마음, 정신, 영혼은 어떻게 같은 의미일까? 마음의 힘이 약하면 삶이 피곤하고 대인관계가 힘들다. 당연히 자신감이 없으며 삶이 무기력하고 대인관계가 힘들어진다. 또한 자신만의 목소리도 내지 못하고 당당한 스피치는 할 수도 없게 된다.

다음의 물음에 체크해(∨) 보라. 지금 당신의 마음 상태를 알 수 있다.

〈나의 마음 상태 점검하기〉

- 손발이 떨리고 목소리가 떨린다.
- 눈앞이 캄캄해진다.
- 사람들만 보면 주눅이 들어 버린다.
- 머릿속이 하얘지고 목소리가 제대로 나오지 않는다.
- 갑자기 호흡이 거칠다.
- 심장이 쿵쾅 거린다.
- 이마에서 식은땀이 나온다.
- 삶이 피곤하고 근심이 많다.
- 자신이 싫어하는 일이지만 남들이 요구하면 거절을 못 한다.
- 귀가 얇아 남의 말에 잘 빠진다.
- 무슨 일이든 의지와 결단력이 약하여 오래가는 것이 없다.
- 두려움에 쉽게 사로잡히며 쉽게 상처를 받는다.

- 대인관계가 피곤하다.

 만약 전 항목에 해당되는 것이 5가지 이상 있다면, 당신은 약한 마음과 기가 약하다는 의미다. 창호지 같은 얇은 마음은 외부의 자극에 쉽게 상처받고 찢어지게 된다. 해당되는 부분이 적다라고 해도 필히 자신감을 갖추는 훈련을 해야 한다. 이러한 증상들에는 해결책이 없는 것일까?

 물론 있다. 자신의 기질과 마음의 상태를 바로 알면 얼마든지 극복할 수 있다. 하지만 그것을 이해하지 못하고 극복하지 못하면, 평생 대인관계에 피곤함을 느끼게 된다. 특히 당당한 표현력 구사는 할 수 없다.

 대인관계에서 어려움을 겪고 있는 사람들의 대부분은 그의 성품이 너무 쉽게 상처를 받는다는 것이다. 약한 마음의 특징이 바로 사소한 말에도 깊이 상처를 잘 받는다는 것이다.

 지금 나의 약한 마음의 상태는 무엇인가? 좀 더 자세히 체크해 보자. 자세히 자신의 마음 상태를 확인하여 약한 마음의 원인을 알아야 고칠 수 있으며 강화시킬 수 있다.

 권투 선수들의 훈련 중 하나가 상대를 치는 훈련보다 맞는 훈련을 통해 자신의 맷집을 강화시킨다고 한다. 말 역시 훈련을 통해 나의 마음을 강한 맷집의 심장으로 만드는 것이 중요하다. 정서적인 기복이 심하며 끈기가 부족하다는 것이다. 또한 이들은 귀가 얇아서 다른 이들의 말에 잘 휩쓸린다. 자신의 의사와 입장을 당당하게 표현하고 상대방을 몰아붙이는 소질이 없다는 것이다. 이런 사람들은 절대로 대중을 제압하지 못한다. 다음의 말의 법칙을 통해 맷집이 좋은 말꾼이 되어보자.

희망의 한마디

오늘 행복한 날이 될지 덜 행복한 날이 될지는 우리의 선택에 달려 있다. 행복은 환경이 아니라 선택에 달려 있기 때문이다. 다음은 에이브러햄 링컨의 말이다.

"사람은 행복하게 살기로 마음먹은 만큼 행복하다."

한 연구에 따르면 금요일에 행복이 10퍼센트 늘어난다고 한다. 반면 월요일엔 심장마비가 많이 일어난다. 왜 그럴까? 월요일이 되면 갖가지 부정적인 마음을 갖기 때문이다. 그러나 금요일이 되면 주말이 다가온다는 생각에 신이 나서 더 행복하게 살기로 마음먹고 더 즐길 결심을 한다.

날마다 금요일이라고 마음먹고 일을 한다면 날마다 행복을 느끼는 삶을 살게 될 것이다.

행복은 항상 현재형이다. 지금 이 순간은 내가 행복해야 할 이유이다. 행복은 내일이나 다음에 주어지는 것이 아니라 지금 누리는 것이다. 긍정적인 마음자세로 살아갈 때 비로소 인생을 즐길 수 있다. 기억하자. 행복하게 사는 것은 선택에 달려 있다.

오스트레일리아에서 이루어진 한 연구에서도 인생의 선택 40퍼센트는 우리가 내리는 결정이 좌우한다고 했다. 단지 10퍼센트만 환경의 영향을 받는다고 하였다.

다음은 노벨 문학상 수상자인 헤르타 뮐러의 소설 『숨그네』의 내용에 있는 글이다. 그는 루마니아에서 망명한 독일계 시인이자 실제 우크라이나 수용소에서 5년을 보냈던 오스카 파스티오르의 내용을 실었다.

2차 세계대전이 끝난 후 독일은 루마니아에 사는 독일인들을 강제 징집해 수용소로 보내어 노동을 시켰다. 17세 소년 오스카 파스티오르도 이때 함께 끌려간다. 그곳에서 많은 사람들이 강제노역과 영양실조, 그리고 혹한으로 죽어나갔지만 오스카 파스티오르는 살아남아, 5년 후 집으로 돌아왔다. 그가 극한의 상황에서 생존할 수 있었던 것은, 떠나는 날 할머니로부터 들은 한마디 말 때문이었다고 말했다.

"너는 반드시 돌아올 거야."

대수롭지 않은 말이라고 생각했으나, 그 말은 오스카 파스티오르 안에서 큰 힘을 발휘했던 것이다. 그는 고백한다.

"돌아왔으므로 말할 수 있습니다. 제가 돌아올 수 있었던 이유는 할머니의 '너는 반드시 돌아올거야!'라는 한 마디의 말 때문입니다."

할머니가 손자에게 던진 희망의 한마디는 결국 그를 살린 구원의 빛이 되었다. 긍정적인 말의 효력이 나타난 것이다. 희망만이 희망이다. 사람들에게 호감을 주며 끌리는 말은 바로 희망을 주는 말이다.

긍정적 기대감

하버드 대 심리학과 교수였던 로버트 로젠탈 교수가 발표한 이론으로 칭찬이 긍정적 효과를 준다고 주장했다. 즉 다른 사람이 나를 존중하고 기대하는 것이 있으면 그 기대하는 쪽으로 변화하려고 노력한다는 것이다. 그래서 기대감 Expectation이 학업성취에 어떤 영향을 주는지 관한 조사이다.

한 초등학교에서 전교생을 대상으로 지능검사를 한 뒤 검사 결과와 상관없이 무작위로 20% 학생의 이름을 담당교사에게 넘겨주었다. 다만 이 학생들은 '대기 만성형' 학생들이니 적절한 교육을 시킨다면 성적이 크게 향상될 것이라고 말해 주었다. 학기를 마칠 때쯤 선정된 학생들의 학습결과는 놀라운 정도로 상승한 것으로 나타났다. 지능 테스트 결과와는 상관없이 무작위로 선정된 학생들이었음에도 불구하고 말이다.

로젠탈 교수는 그 이유가 교사들이 그 학생들을 믿고 특별히 관심을 가져준 결과라고 설명한다. 믿고 관심을 가져준 것뿐이었다.

"담임교사는 명단에 오른 학생들의 발전 가능성을 보고 지속해서 격려했습니다. 자연스레 아이들과 교사는 전보다 긍정적인 유대 관계를 맺게 됐지요. 그 결과 교사의 기대에 부응하기 위해 아이들이 더욱 열심히 공부한 것으로 보입니다."

교사의 마음속에 '이 학생은 잘할 수 있다.'는 생각이 있었기에, 더욱더 학생을 격려한 것이다.

칭찬의 힘은 세다. 칭찬을 받는 사람은 자기 삶을 더 나은 방향으로 변화시키기 위해 노력하기 때문이다. 그것이 의식적이든 무의식적이든 칭찬을 하는 사람도 덩달아 긍정적인 변화를 겪게 된다.

빌게이츠는 매일 아침마다 오늘은 나에게 무언가 좋은 일이 생길 것이라는 기대와 믿음으로 하루를 시작했다고 한다. 자신이 믿는 기대대로 이루어지는 것이다. 마음의 방향이라고도 표현되는 심리적 태도를 기대와 믿음으로 바꿀 수 있다. 기대와 믿음의 적극적 표현은 웃어주는 일이다. 엄지를 세워 아이를 향해 웃어주면 그 아이들은 틀림없이 기대에 부응할 것이다. 이것이 로젠탈 효과이다.

이제 주변의 만나는 사람들에게 희망의 웃음과 함께 칭찬을 나누어 보자. 살맛나는 삶이 될 것이다. 창조적인 결과를 가져올 것이다.

자신은 잘될 거라는 믿음으로 매일 아침 거울을 보고 확신에 찬 웃는 습관을 가진 사람은 잘될 수밖에 없다. 일어나서 거울을 보며 자신의 모습을 보고 웃자. 그리고 당신은 무엇이든 할 수 있다고 말하자. 그런 당신을 칭찬하자. 심리적 태도를 기대와 믿음으로 바꾸는 좋은 방법이다.

"당신이 최고!", "내가 최고!"

부모는 자녀들에게 진심을 담아 하루에 3번 이상 칭찬해 주면, 자녀는 할 수 있다는 자신감을 얻게 된다. 자신감이 생긴 자녀는 새로운 도전을 두려워하지 않고 스스로 행동을 통제할 줄 알게 된다. 무엇보다 의사 표현과 태도가 적극적인 사람으로 변모하게 된다.

T.S.L 치료운동

연세대 사회복지학과 김재엽 교수는 2010년 노인 남녀 대상으로 7주간 배우자에게 "사랑합니다.", "미안합니다.", "고맙습니다."라는 표현을 날마다 하도록 했다. 일명 TSL 치료운동(Thank you-고마워요, Sorry-미안해요, Love-사랑해요)을 적용하는 것이다.

  매일 매일 이 말을 습관적으로 반복한 그룹은 스트레스 지수가 내렸고, 능력지수는 올랐으며, 우울증이 개선되고, 심장박동이 안정되었다. 또한 암과 고혈압, 당뇨병, 파킨스병과 같은 질병의 위험이 낮아지고, 노화속도가 저하된다는 결과를 발표했다.

  이와 같은 실험에서 긍정적인 말 한마디는 사람을 성장시키고 치료하는 결과를 낳는다는 것을 알 수 있었다.

자존감을 높여주는 칭찬화법

'칭찬화법'이란 상대방의 자존감을 높여주며 자신감을 갖게 해 준다. 감사화법 역시 성장과 기적은 만들어 낸다.

칭찬의 힘

남북전쟁을 승리로 이끈 미국의 16대 대통령 에이브러햄 링컨에게 물었다.

"어떻게 해서 남북통일을 하고 전쟁에 이겼습니까?"

"부정적인 사람을 멀리하고 평상시 긍정적이고 칭찬을 하는 사람을 가까이 두었기 때문입니다."

필자는 어떤 수업이든 생활학습 과제로 칭찬 리스트 및 반응 적어오기 과제를 내 준다. 성적에는 들어가지 않지만, 누구든 일일 3사람 이상에게 칭찬하기 운동을 펼친다. 그리고 그 칭찬을 받고 나타난 반응을 적어오는 과제다.

이런 과제를 내는 이유는, 칭찬의 힘이 그 어떤 것보다도 위력적이기 때문이다. 칭찬에 능숙한 사람이 되기 위해서는 자존감self-esteem이 높아야 가능함으로 칭찬을 통해 절대 자존감을 키우고자 함이다.

심리학에서는 자존감이 높은 사람일수록 긍정적인 언어를 많이 사용한다고 한다. 즉 밝고 희망적인 칭찬 언어를 구사한다. 또 일을 하거나 관계를 할 때 철저하고 빈틈없이 처리하는 것은 좋은 태도이다. 다만 한 가지 면에선 너그러워야 한다. 바로 칭찬하는 일이다.

나를 칭찬하는 기준으로 남을 칭찬하자. 상대의 단점을 지적할 때도 장점을 먼저 말해주어야 한다. 우리는 칭찬에 각박한 사회에 살고 있다. 그럴수록 모든 인간관계에서 철저하고 빈틈이 없지만 칭찬엔 너그러운 사람이 되자.

홀린즈 칼리지에 재학 중인 24명의 심리학과 학생들은 칭찬을 통해 다른 학과 여학생들의 패션을 바꿀 수 있는지 실험해보았다. 학생들은 실험을 시작한 후 얼마 동안은 푸른색 옷을 입은 여학생을 칭찬했다. 그러자 푸른색 옷을 입은 여대생이 25%에서 38%로 증가했다. 그리고 나서 학생들은 붉은색 옷을 입는 여학생들을 칭찬하기 시작했다. 그러자 붉은색 옷을 입은 여학생이 11%에서 22%로 두 배나 증가했다. 이렇듯 칭찬은 행동을 촉진하는 효과가 있다.

우리나라 20~40대가 가장 듣고 싶어 하는 말은 '당신 최고!'라는 격려였다. 또 한 기업이 설문조사를 했는데, '직장과 가정 모두에서 가장 듣고 싶어 하는 말 역시 '당신이 최고야!'라고 답했다.

남녀 사이의 대화로 사랑의 유효기간을 연장시켜주는 말은 어떤 것일까? 상처를 주는 말, 마음을 할퀴는 말 등은 사랑의 유효기간을 단축시킨다. 반면 다음의 5가지 언품은 갈등의 골을 메우고, 사랑의 유효기간을 길게 이어가게 해준다. 대화에서 사랑의 유효기간을 연장시켜주는 말은 아래와 같다.

하나, 지적보다는 칭찬을 더 많이 한다.
둘, 상대방의 말을 함부로 끊거나 말꼬리를 잡지 않는다.
셋, 시댁이나 처가에 대한 험담을 절대 하지 않는다.
넷, 지난날의 잘못과 실수 등을 다시 끄집어내지 않는다.
다섯, 문제를 얘기하기보다는 해결책을 더 많이 얘기한다.

실제로 직장인들이 가장 싫어하는 동료 유형 중 하나가 부정적인 언어를 달고 사는 사람들이라는 조사 결과를 보았다. 응답자의 40% 정도가 '직장에서 불평과 불만만 일삼는 동료를 가장 싫어한다.'고 답했다. 반대로 응답자의 60%는 '인간미 넘치는 동료가 가장 좋다.'고 밝혔다.

중국의 철학자 공자의 〈논어〉에 나오는 일화다.

한번은 공자가 초나라의 군사 전문가 섭제량과 만나 대화를 나눴다.

"선생님, 백성을 한데 모이게 하려면 어떻게 정치를 해야 합니까? 그리고 어떤 기술이 필요합니까?"

그러자 공자는 딱 한 마디 말만 남긴 채 홀연히 자리를 떠났다.

"가까이 있는 사람을 기쁘게 하면, 멀리 있는 사람도 모여들게 마련입니다."

새삼 주변 사람들과 어떻게 지내야 하는지, 또 어떻게 말해야 하는지를 일깨워주는 일화이다.

언제나 감정표현이 풍부하여 애교 섞인 웃음이 넘쳐나는 사람의 웃음은 사람들에게 강렬한 인상을 준다. 그리고 마음을 열리게 한다.

칭찬을 싫어하는 사람은 없다. 칭찬을 하는 것도 받는 것도 싫어했다는 나폴레옹조차 "저는 장군님을 존경합니다. 왜냐하면 칭찬같이 혀에 발린 말 따위는 질색으로 여기시기 때문입니다."라는 부하의 칭찬에 즐거워했다고 한다.

웃음과 칭찬은 위력이 매우 크다. 특히 칭찬은 사람의 기본욕구 가운데 자존감과 인정받고자 하는 욕구를 충족시켜

준다. 그렇기 때문에 상대의 마음을 사로잡기 위해서는 칭찬에 대해 좀 더 전략적인 접근이 필요하다. 사람의 호감과 동의를 얻고 유대감을 형성하는 데 칭찬만큼 유용한 도구가 없기 때문이다.

미국의 심리학자 아론슨과 린다는 실험을 통해 가장 효과적인 칭찬방법을 밝혀 낸 것으로 유명하다.

실험에 참가한 학생들과 처음 대면한 실험협력자들이 일정 시간 동안 서로 대화를 나누도록 했다. 그 후 학생들만을 옆방으로 불러냈다. 그러고는 실험협력자들에게 학생들을 본 인상을 말하게 했는데, 학생들과 실험협력자들이 나눈 대화 내용은 옆방에 있는 학생들 모두 들을 수 있도록 기술적인 장치를 해두었다. 이때 실험협력자들은 실험 전에 실험자에게서 미리 건네받은 네 가지 대화법 중 하나에 근거해서 학생들에 대한 인상을 말했다. 효과적인 네 가지 대화법은 다음과 같다.

하나, 처음부터 끝까지 학생들을 칭찬한다.
둘, 처음에는 학생들을 칭찬하다가 중간에 깎아내린다.
셋, 처음에는 학생들을 깎아내리다가 중간에 칭찬한다.
넷, 처음부터 끝까지 학생들을 깎아내린다.

이번에는 학생들을 옆방으로 불렀다. 실험자는 학생들에게 이미 가버리고 없는 실험협력자들에 대한 인상을 말해달라고 부탁했다. 이 가운데 가장 효과적인 칭찬방법은 바로 첫 번째였다. '그 사람은 외모도 뛰어나고, 성격도 좋고, 능력까지 출중하더군요.'라고 칭찬하는 것이다.

　한편, 처음부터 끝까지 학생들을 깎아내린 사람보다도 처음에는 학생들을 칭찬하다가 중간에 깎아내린 사람이 오히려 호감을 얻지 못한 것으로 나타냈다. 이는 칭찬에도 효과적인 방법이 존재한다는 것을 보여주는 실험이었다.

칭찬이 주는 말씨

　'칭찬' 하면 떠오르는 〈마크 트웨인〉의 말이 있다.
　"나는 칭찬 한마디면 두 달을 살 수 있습니다."
　사람은 평균 하루 많게는 5만 마디 말을 하면서 살아간다고 한다. '말씨'가 운명을 만드는 것이다. 이는 말에도 씨가 있어 '말씨'라고 한다. 그래서 그 사람이 쓰는 '말씨'를 보면 그의 미래를 알 수 있다. 오늘 떨어진 '말씨'는 내일의 나를 만든다. 특히 상처를 입은 사람들을 치료하는 효과가 가득하다.

　씨앗은 생명력이 있어 씨앗 속에 미래가 담겨 있다. "말씨"가 나의 인생역전으로 바꾸어준다. 그러므로 나의 말씨를 잘 사용해야 한다.

'칭찬은 고래도 춤추게 한다.'라는 책이 있다. 돌고래의 조련사가 멋진 묘기를 끌어내는 훈련법이 바로 칭찬이라는 것을 알게 되었던 것이다.

"사람 안에 있는 능력과 가능성을 끌어내는 가장 강력한 힘 중의 하나가 무엇일까?"

칭찬은 사람 안에 있는 최상의 능력을 끌어낸다.

사람들을 칭찬할 때는 필히 그 사람의 장점에 초점을 맞추어 칭찬을 해보자. 칭찬은 그 사람의 장점이 강화된다. 성공의 비결은 우리가 잘할 수 있는 것에 초점을 맞추는 것이다. 그런데 많은 사람들은 오히려 약점을 더 잘 알고 있다. 칭찬을 받으면 어떤 효과가 나타날까? 먼저 자존감이 높아지고, 자존감이 높아지면 자신감을 갖게 되고, 자신감을 갖고 일하면 생산성이 높아지고, 더욱 풍성한 열매를 맺게 된다.

한 사람을 변화시키기 위해서는 먼저 언어 습관을 바꾸어야 한다. 칭찬 말씨가 좋은 사람을 만들고 좋은 사람은 언제나 칭찬 말씨를 사용한다. 선한 말을 하는 사람들은 관찰하는 능력이 있기 때문에 사람들의 장점을 발견할 수 있는 것이다. 또한 그의 장점을 따라 칭찬할 수 있었던 것이다. 누군가를 사랑함으로 집중해서 관찰할 때 우리는 그 사람에게 칭찬할 수 있는 좋은 점들을 발견하게 된다. 누군가를 칭찬하기 위해서는 먼저 관심을 가지고 관찰해야 한다.

칭찬을 통해 돌고래가 춤을 추는 것처럼 칭찬을 통해 사람들이 춤을 추도록 도와주어야 한다.

칭찬을 통해 풍성한 사랑이 넘쳐난다. 우리가 올바른 언어생활을 하려면 우선적으로 칭찬과 격려를 아끼지 않는 것이 중요하다. 그리고 칭찬은 타이밍이 중요하다. 칭찬은 사람의 마음을 움직이는 힘이 있다. 그러므로 칭찬하고 또 칭찬하고 칭찬을 아끼지 말아야 한다. 어떤 경우라도 칭찬과 좋은 말을 사용하는 것은 우리의 성공을 위한 지혜이다.

옛 속담에 "구름 너머에는 햇살이 빛나고 있다."는 말이 있듯이, 위기危機란 위험의 "위"와 기회의 "기"라는 두 단어로 되어 있는데, 위기를 기회로 만드는 것이 바로 내가 사용하는 말씨에서 작용되는 것이다.

간접화법 칭찬법

'누군가가 ~하더라.'라고 시작하는 칭찬법을 간접화법 칭찬이라고 한다.

예를 들어 '사장님이 그러더군요. 지금까지 본 직원 중에 가장 실력이 좋은 분이라고요.', '우리 어머니가 당신 인상이 참 좋대요.'

실제 듣는 사람은 그 말을 했다는 당사자보다 전하는 사람에게 더 호감을 느낀다고 한다. 누구를 칭찬하게 되면, 우리의 마음은 즐겁고 평안해짐을 느낄 수 있다. 특히 파티나 모임에서 사람을 소개하는 일이 자주 있다. 사람을 소개할 때는 그 사람의 이름뿐만 아니라 직업이나 직함을 함께 소개하거나 경우에 따라서는 취미나 인품을 칭찬하기도 한다. 반드시 좋은 장점을 골라 부각시킨다. 꺼내는 첫마디 말이 그대로 상대방에게 좋은 인상을 주게 된다. 그것을 통해 첫인상이 결정된다는 것을 잊어서는 안 된다.

사람들은 누군가를 처음 보았을 때, 3초, 30초, 3분 안에 일어나는 갖가지 표정, 말, 태도 등을 통해 호감과 인상의 결정을 내린다. 사실 칭찬운동을 펼치고 있는 이유 중 하나가 칭찬을 하는 사람이 칭찬을 받는 사람보다 더 기분이 좋아지기 때문이다.

오늘도 열심히 간접 칭찬 거리를 찾아 칭찬해 주자.

햄버거 칭찬법

남아프리카공화국, 화해의 화신으로 추앙받는 넬슨 만델라. 그는 27년이란 긴 세월 동안 좁고 음습한 감옥에 갇혀 지내야 했다. 그는 수감 생활 중에 어머니와 아들을 잃었다. 그러나 그는 감옥에서 싸우지 않고 이기는 법을 터득했다.

온화한 미소와 유머 감각, 그리고 부드러운 화법이었다. 그리고 그것은 그의 트레이드마크가 되었다.

표면으로 드러내는 그 온화한 미소, 유머력, 부드러움 속에는 핍박과 박해, 인내와 끈기가 있었기에 가능했던 것이다.

햄버거는 빵 사이에 고기와 채소가 들어가기에 햄버거라고 부른다. 만약 내용물을 담지 않으면 햄버거로서 존재 의미가 없다. 그래서 내용물들이 어우러져 맛있는 것이 햄버거이다.

칭찬도 이와 비슷하다. 관계 속에서 무엇을 지적하거나 단점을 언급할 때는 햄버거의 빵이 앞과 뒤를 감싸고 내용을 넣어 먹을 수 있는 것처럼 시작과 끝은 칭찬으로 해야 한다. 즉 칭찬을 빵처럼 먼저 내세우고 마무리 역시 칭찬으로 끝낸다.

가령 영업실적이 저조한 부하 직원을 불러놓고 "홍 과장, 이번 달 실적이 왜 이래? 어떻게 일을 한 거야?" 하고 쏘아붙인다면 그것은 잘못된 방법이다. 그보다는 다음과 같이 감정을 감추어야 한다.

"홍 과장, 5월 달 실적은 아직도 우리 회사에서 최고야! 그 방법으로 이번 달에도 해 보면 어떨까?"

그리고 잊지 말아야 할 것이 바로 마무리 칭찬이다. 상대의 자존심을 건드리지 않으면서도 지적이나 문제점을 알려주는 요령이 더욱 중요하다. 즉 칭찬으로 시작하고, 지적이나 개선책을 제시한다. 그리고 다시 칭찬으로 마무리를 한다. 마치 햄버거를 만들 때처럼 말이다.

인정받고 싶은 욕구

인간이 지닌 본성 중에 가장 강한 것은 남의 인정을 받고자 갈망하는 것이다.

● 윌리엄 제임스

'갈망한다anxious, eager'라는 말은 강한 욕구를 의미한다. 그런데 이 욕구는 뿌리가 깊어서 좀처럼 충족될 수 없는 것이다. 이 인정받고 싶은 욕구는 인간의 본능이다.

당신은 하루에, 아니 일주일에 얼마의 칭찬의 말을 듣는가? 들으면 일이 즐겁고 열정이 생기는가?

한번은 주소의 길을 알려주는 내비게이션의 안내에서 칭찬 메시지가 나왔다. '잘했다.'는 말이었다. 인위적인 기계음에도 우리의 뇌가 기분 좋게 반응하는데, 사람의 진정성이 담긴 칭찬의 말은 얼마나 큰 반응을 일으킬지 짐작할 수 있다.

윌리엄 제임스의 말을 명심하자.

"인간이 지닌 본성 중에 가장 강한 것은 남의 인정을 받고자 갈망하는 것이다."

20세기 초 심리학 박사인 매슬로는 인간 본성에 대해 3가지 가정하에서 동기를 부여할 수 있는 이론을 개발했다.

- 첫째, 인간은 결코 만족될 수 없는 욕구를 지니고 있다는 점이다.
- 둘째, 인간의 행동은 주어진 과거 어떤 시점에서 만족하지 못한 욕구를 채우는 것을 목표로 삼는다는 점이다.
- 셋째, 욕구는 기본욕구에서부터 상위욕구까지가 예측 가능한 계층구조로 되어 있다는 것이었다.

감정을 다스리는 칭찬

감정을 다스리는 사람이 언제나 이긴다. 감정emotion이란 '느껴본 경험'이다. 감정은 두 가지로 나누어질 수 있다. 긍정적일 수 있고 부정적일 수도 있다. 긍정적 감정은 기분을 좋게 한다. 반면 부정적 감정은 스트레스를 받게 되고 약점을 보여주는 빌미가 된다.

감정은 우리의 몸과 생각, 그리고 행동에 영향을 미친다. 그리고 감정은 통제하기가 결코 쉽지 않다. 또한 전염성이 있다. 그러므로 감정은 상대에게 중요한 영향을 미친다는 것을 잊지 말아야 한다.

긍정적 감정 칭찬은 대화나 스피치에서 다음과 같은 도움을 준다.

- 첫째, 긍정적 감정은 실질적 관심을 충족시켜 준다.
- 둘째, 상호관계를 강화시켜 주며, 서로의 관계에 즐거움을 제공해 준다.
- 셋째, 두려움을 줄여주고, 옳은 판단을 해준다.

당신은 어떤 감정에 영향을 주는 단어들을 사용하고 있는가?

긍정적인 감정을 자극함으로 부정적인 감정을 극복할 수 있다. 중요한 사실은 얼마든지 훈련과 노력을 통해 감정을 다스릴 수 있다는 것이다.

사람이 하루에 부정적인 언어는 약 30개를 듣고, 긍정적인 언어는 약 3개를 듣는다고 한다.

긍정적인 언어를 갖고 사는 것이 중요하다.

한 긍정적인 언어를 사용하는 그룹이 있었다. 즉 좋은 장점을 칭찬해줌으로써 그 사람의 특징을 만들어 주는 것이다.

부정적인 언어로는 바로 세울 수 없다. 장점을 칭찬으로 강화시켜 주면 위대한 사람이 된다. 긍정의 단어로 말을 하면 안심이 된다. 평상시에 긍정의 단어를 사용해야 한다. 다음 아래에서 지금 당신이 사용하는 감정에 자극을 주는 단어들은 어떤 것인지를 체크해 보라.

긍정적 감정 단어들	부정적 감정 단어들
☐ 기쁘다.	☐ 부끄럽다.
☐ 즐겁다.	☐ 후회스럽다.
☐ 유쾌하다.	☐ 시기하다.
☐ 자랑스럽다.	☐ 증오하다.
☐ 감사하다.	☐ 불안하다.
☐ 행복하다.	☐ 짜증나다.
☐ 건강하다.	☐ 놀랍다.
☐ 만족하다.	☐ 두렵다.
☐ 평온하다.	☐ 슬프다.
☐ 희망적이다.	☐ 절망적이다.

사냥꾼 화법

진짜 리더는 조직과 직원을 격려할 줄 알고, 흥을 돋우는 능력을 갖추어야 한다. 이것이 요즘 리더가 갖추어야 할 필수적인 덕목 중 하나이다.

버락 오바마는 인종적 불리함을 극복하고 당선된 미국 역사상 최초의 흑인 대통령이다. 정치 전문가들은 오바마 특유의 포용력과 친화력과 희망의 메시지 전달력을 그가 지닌 가장 큰 장점으로 꼽는다.

일본에서 장사의 신神으로 통하는 우노 다카시. 1960년대

종반 일본 와세다 대학 경영학과를 중퇴한 뒤 커피숍 매니저로 요식업에 뛰어들었다. 1978년에 이자카야 프렌차이즈 '라쿠 코퍼레이션'을 설립했으며 300명 넘는 자기 회사 직원을 식당 사장으로 키워냈다.

요식업계의 전설로 불리는 우노 사장은 말 한마디로 고객의 마음을 바꿔놓은 사례가 있었다.

어느 비가 내리는 오후에, 중년 남성이 들어와 산토리 위스키를 주문하였다. 우노 사장은 산토리 위스키가 없었지만 "산토리 위스키가 없습니다."라는 식으로 말하지 않았다. 그 대신 고객 욕구^{needs}를 파악해 승낙할 수밖에 없는 대안을 제시했다고 한다.

밀림에서 노련한 사냥꾼이 날렵한 몸동작으로 사냥감을 낚아채듯 우노 사장은 적절한 화법으로 재빠르게 대응해 고객의 발걸음을 붙잡았다. 이것이 사냥꾼^{hunter} 화법이다.

사냥꾼 화법의 반대 개념은 파수꾼 화법이다. 파수꾼의 임무는 오로지 경계다. 자기 위치를 지키고 상황을 관리하기만 하면 된다. 파수꾼처럼 말하는 사람은 대화에 수동적으로 임한다. 반면 우노 사장은 사냥꾼처럼 능동적으로 임했다. 고객의 욕구와 강점을 재빠르게 칭찬과 함께 인정해 주었다.

우노 사장이 직원 채용 시 고려하는 사항이 있다.

'예의에 어긋나지 않게, 편하게 이야기를 건네는 직원만 뽑아라.'

소통과 공감 능력이 뛰어난 사람은 다른 능력이 부족해도 얼마든지 훌륭한 직원이 될 수 있다는 게 우노 사장의 지론이다.

일본 내 수많은 경영 전문가가 우노 사장을 찾아와 매장 성공의 배경, 특히 고객 유치 비결을 묻곤 한다. 그때마다 그는 가게 안에 걸어놓은 차림표를 가리키는 것으로 대답을 대신한다.

예를 들어 다음과 같은 차림표이다.
"홍길동 님이 좋아하는 달콤한 바나나 소스."

우노 사장은 새로 직원을 뽑으면 무조건 고객의 이름을 외우도록 한다. 고객이 종업원을 찾기 전에 먼저 알아보고, "홍길동 선생님, 안녕하세요. 오늘은 헤어스타일이 바뀌셨네요.", "홍 이사님, 또 오셨군요.", "삼성프라자 홍 회장님, 오셨습니까. 안녕하세요." 하고 말할 수 있어야 한다는 것이다.

이름을 숙지하고 좋은 점을 뽑아 말을 건네주면 더 좋은 결과를 얻게 된다.

효과적인 칭찬을 위한 3S 원칙

칭찬의 힘은 실로 위대함을 넘어 기적을 만들어 낸다. 현대를 살아가는 우리에게는 칭찬에 목말라 있고 아주 많이 칭찬 듣기를 갈구하는 시대이다. 따라서 칭찬을 실천하는 것이 중요하다.

다음의 3S$^{set-satisfy-sink}$ 원칙을 사용하여 실천해 보자.

먼저, Set- 칭찬의 원칙을 정한다.

누구나 실천할 수 있도록 칭찬의 가이드라인을 제시해 준다. 특정한 인물이나 실행되고 있는 규칙을 참고해도 좋다. 방법적인 규칙 등이다.

다음, Satisfy- 이는 약속한 보상을 차질 없이 제공하는 단계이다.

칭찬 대상자의 기대심리를 만족시켜야^{satisfy} 한다. 칭찬의 보상을 제공해주어 동기부여를 갖도록 해 준다.

마지막으로, Sink - 칭찬을 정착시킨다.

애초에 언급한 칭찬의 원칙이 조직에 깊이 스며들도록^{sink} 유도하는 후속 조치가 뒤따라야 한다. 아무리 좋은 칭찬도 일회성 이벤트로 그치면 소용이 없다. 평소 꾸준히 실천할 수 있도록 알리고 홍보해나가야 한다.

당신의 직장이나 가정에 맞는 효과적인 칭찬 3S 원칙을 만들어 보자. 작성한 후 그대로 삶에 실천한 후 그 반응을 나눠 보도록 한다.

〈실전지침서〉 칭찬을 위한 3S 원칙 만들기

Set-
_____
_____

Satisfy-
_____
_____

Sink-
_____
_____

말의 위력

말의 위력의 좋은 예가 있다. 소는 코를 뚫어 잡아야 하고, 토끼는 귀를 잡아야 하고, 닭은 날개를 잡아야 한다. 그러면 사람을 잡으려면 어떻게 해야 할까? 사람은 마음을 잡아야 한다.

유창한 말의 능력

말은 감정을 만들어낼 뿐 아니라 행동을 만들어내기도 하며 환경을 제압하기도 한다. 말은 세상에서 가장 큰 위력을 지니고 있다. 그래서 한마디 말이 사람을 살리기도 하고 죽이기도 하는 것이다.

또한 말로 인해 파괴와 분열, 갈등과 시기를 일으키기도 한다. 한마디 말이 화, 염려, 근심, 걱정, 열등감 등이 들어오는 통로를 열어주기도 하지만 말로 인해 사랑이 이루어지며 행복도 맛볼 수도 있다.

좋은 대학을 나와 높은 경쟁률을 뚫고 입사한 인재가 의사능력이 떨어져 실무에서 제대로 능력을 인정받지 못하는 경우를 수없이 봐 왔다.

필자가 학부 때 일이다. 독일에서 많은 공부를 하신 교수님이 새로운 강좌 과목을 개설했다. 처음에는 학생들이 교수님의 학위를 보고 기대하여 수강신청을 많이 했다. 그런데 교수님의 강의 전달력은 기대와는 달리 형편없었다. 그 다음 학기에는 개설 최소 인원인 6명이 등록되지 않아 그 과목은 폐강되었다. 그때 알았다. '많이 아는 것과 잘 전달하는 것은 다르다.'라는 것을 말이다. 많은 지식을 알고 있더라도 그것을 말로 풀어 설명하는 일은 별개라는 것을 알게 되었다.

이는 현대 사회에서 말주변이 얼마나 중요한지를 알 수 있게 해준다.

필자가 가장 힘 있게 강조하는 슬로건 중에 하나가 '러닝 바이 두잉learning by doing'이다. 즉 이는 아는 것보다 실천하는 것이 더 중요하다는 의미다.

미국의 한 연구기관의 조사에 따르면, 약 70%의 사람들은 질병이나 해고, 사고보다 사람들을 설득하거나 청중 앞에서 자신의 의견을 말하는 것을 더 두려워한다고 한다. 그리고 5%의 사람만이 상대방의 표정과 행동반응을 살펴가면서 자기 생각을 자유자재로 말할 수 있다는 것이다.

그저 일방적인 정보의 전달은 의미가 없다. 참여, 피드백, 일치, 유대감이라는 쌍방향의 주고받음이 있어야 공감이 형성되며 소통이라 할 수 있다. 이것이 말인 것이다.

유창한 말은 단번에 실력이 늘어나는 분야가 아니다. 조금씩 훈련을 해야 의사표현 능력을 키울 수 있다. 당장 180도 달라질 수 있다고 말하는 사람은 말의 원리를 몰라서 하는 것이다. 변화와 성장은 조금씩 오는 것이다. 그리고 말의 위대한 힘은 우리 삶의 성공과 행복 그리고 관계에 풍성한 결과를 가져다준다. 특별히 성공으로 나아가는 데 막중한 영향력을 끼친다.

치열한 경쟁 사회, 다양하고 폭넓은 관계 속에서 모든 것이 빠르게 변하는 시대에 적응하는 말하기 능력의 비중이 점점 커지고 있다. 개인과 조직이 수시로 정보를 교류하고 발표하고 토론하는 것을 기본으로 하는 시대다. 즉 그 사람의 말하기 능력이 가치로 인정받으며 성공의 기회로 연결되는 시대에 우리는 살고 있다. 그래서인지 발표력이 떨어지는 사람들이 성공할 기회가 자꾸 뒤처지는 시대임에는 틀림없다.

준비의 힘

모든 분야가 다 같겠지만 말의 분야에서도 준비의 힘은

대단한 결과를 가져온다. 대부분의 발표 등에서 실패하는 이유는 너무 늦게 준비를 시작한다. 또는 사전 리허설 없이 스피치를 한다는 것이다. 에이브러햄 링컨 대통령이 말하기를 "내게 만약 나무를 베어 넘어뜨릴 시간이 여덟 시간이 주어진다면 그중에 여섯 시간은 도끼날을 가는 데 쓰겠다." 라고 했다.

우리는 보통 발표할 날짜가 임박해서 내용을 준비한다. 거기에 실전처럼 훈련하는 시간은 거의 갖지 못한다. 그렇기 때문에 부족한 결과를 낳는 것이다. 시합에 나갈 운동선수들은 항상 경기를 하기 전에 충분한 연습과 훈련을 준비한다. 사전준비를 스피치하여 청중을 감동시켰다는 얘기를 들어본 적은 없다. 앞으로도 그럴 것이다.

다음은 보통 중소기업 CEO들의 한 주간의 일정을 파악해보니 대략 다음과 같다.

- 월요일 : 직무회의, 직원 앞에서 축사, 인사말하기
- 화요일 : 크고 작은 비즈니스 협상 모임 참석
- 수요일 : 중요 협력업체 회의, 기관에게 구체적인 방안 설명
- 목요일 : 어느 사람과의 인터뷰, 긴급 업무보고
- 금요일 : 신제품 판매전략 토론, 송별모임 참석 인사

하기
- **토요일** : 골프모임의 회장과 인사하기

이처럼 사회의 리더들은 눈코 뜰 새 없이 바쁜 소통을 해야 한다는 것이다. 계속되는 회의, 강연, 협상, 발표, 브리핑, 프레젠테이션, 연설, 축사, 토론, 강의, 설득, 상담 등 다양한 소통의 과제를 처리해야 하기 때문이다. 그런데 문제는 그 누구도 체계적이고 실용적인 소통 교육을 제대로 받지 않고 의사소통을 한다는 것이다. 이런 준비 없는 자세로는 절대로 사람의 마음을 사로잡을 수 없고, 내 편으로 만들 수도 없다.

소통에서 실패하는 사례 중 3분의 2는 불충분하거나 잘못된 준비과정에서 비롯된 것이다. 그래서 이런 말이 있지 않은가.

"준비하는 시간은 발표하는 시간의 10배다!"

명심하자. 일찍부터 준비하고 연습하면 어떤 커뮤니케이션이라 할지라도 성공할 수 있다. 큰 자신감을 얻게 된다.

준비의 원칙

준비과정은 일종의 숙성과정이다. 5분짜리 발표를 할 때 50분을 준비하는 것은 기본적인 원칙이다. 전문가라 하더라도 이 원칙은 변하지 않는다. 그렇다면 충분한 준비를 하지 못해 생기는 문제들은 무엇이 있을까?

먼저 미숙한 발표자의 태도나 행동이 드러나게 마련이다. 그러므로 내용에 신뢰감을 잃는다. 또한 자신감의 부족으로 불안감을 보이게 되고, 내용의 핵심을 전하지 못한다. 그리고 원고를 그대로 읽게 되는 서툰 결과를 보여주게 된다.

청중의 마음을 사로잡기 위한 첫 번째 전제조건은 공통의 목표를 찾는 것이다. 정확한 방향설정을 해야 한다. 그렇게 하기 위해서는 우선 다음 네 가지의 준비원칙을 갖추어야 한다.

첫째, 청중 분석하기

화살을 과녁의 중심에 맞추려면 과녁에 초점을 정확히 보고 쏴야 하듯이, 내가 소통하고자 하는 청중이 어떤 사람들인지를 분명하게 파악해야 한다.

둘째, 자료 수집과 정리

자료를 수집하고 모을 때 가장 중요한 것은 내가 원하는 것이 아니라 상대방이 듣고 싶어 하는 내용이 무엇인지 알아야 한다.

셋째, 내용 구성하기

수집한 자료가 충분한지 부족한지 평가하는 단계다. 이는 시작부분과 핵심 내용, 그리고 맺음말 등에 맞게 준비했는지 점검한다. 그래서 내용에 맞지 않는 것을 과감히 버려야 한다.

넷째, 내용 익히기

이 단계에서는 내용을 개요로 정리하는 것이다. 그래서 전체적인 전달 방법을 익힌다. 당연히 시작하는 말과 끝맺는 말, 그리고 핵심 내용을 익히는 시간이다. 소리 내어 크게 읽는 것도 많은 도움이 된다.

여러분도 이러한 단계를 거쳐 준비하고 말을 한다면 청중의 마음을 사로잡을 수 있다. 만약 준비를 하지 않았다면 큰 기대를 해서는 안 된다. 청중이 먼저 준비되지 않았음을 느끼고 있을 것이다. 준비되지 않은 말로 청중을 사로잡을 수 없다.

다음의 중요 핵심을 기억해두자.

- 판에 박힌 반복적인 일이라고 하더라도 사전준비는 반드시 필요하다.
- 준비는 아무리 해도 지나치지 않다.

- 준비를 위해서는 시간이 필요하다.
- 준비한 자료를 꼼꼼히 평가하고 선별한다.

〈실전 점검〉 나의 말투 점검하기

그 사람이 쓰는 말을 보면, 그 사람의 미래를 알 수 있다. 다시 말해서 자신이 자주 쓰는 일반적인 말을 상세히 분석해 보면, 자신의 미래를 알 수 있다는 것이다. 말들의 씨앗은 그대로 열매를 맺기 때문이다. 그래서 성공한 사람들의 말투를 분석한 결과를 보면 하나 같이 다 긍정적이고 생산적인 말, 희망의 말을 한다는 공통점이 있다. 결국 성공은 말의 결과물이다.

다음은 실패하는 사람과 성공하는 사람의 말의 열매들이다. 내 말은 어느 곳에 더 해당되는지 체크해보자.

실패하는 사람의 말투-부정형		성공하는 사람의 말투-긍정형	
힘들다.	☐	된다. 해보자.	☐
죽겠다.	☐	할 수 있다.	☐
안 된다.	☐	훌륭하다.	☐
피곤하다.	☐	잘한다.	☐
할 수 있을까.	☐	좋다.	☐
안 돼, 새로운 것은 싫어.	☐	행복하다.	☐
그것들을 다 알아, 해봤어.	☐	대단하다.	☐
어렵다.	☐	가능하다.	☐
다 틀렸다.	☐	좋은 생각이야.	☐
헛수고다.	☐	옳다.	☐
큰일났다.	☐	내 편이다.	☐
못 하겠다.	☐	건강하다.	☐
내 주제에!	☐	하나님은 내 편이다.	☐
싫어.	☐	감사하다.	☐
뭐!	☐	사랑해.	☐
그것도 못 해!	☐	고마워.	☐

말이 지닌 힘

말의 위력은 엄청난 힘을 가지고 있다. 흔히 우리가 사용하는 말은 다음의 속성을 가지고 있다. 각인력, 견인력, 성취력, 창조력, 치유력, 행복력, 성공력 등이다. 그러므로 말의 능력이 있음을 발견하고 항상 언제나 긍정적이고 생산적인 말을 사용해야 한다. 바르고, 예쁘고, 착하고, 선하고, 감사하며, 사랑하는 말만 사용하자. 더 나아가 말을 온전히 지배하고 다스리는 사람들이 되기를 바란다.

말이 지닌 위력들 중에서 몇 개를 살펴보면 아래와 같다.

첫째는 각인력이다.

말은 뇌에 각인되어 신체까지 영향력을 행사한다. 그것이 좋은 말이든 나쁜 말이든 말이다. 어느 대뇌학자는 뇌세포의 98%가 말의 지배를 받는다고 발표했다. 프랑스의 약사였던 에밀 쿠에는 말의 각인력을 알고 있었기에 환자들에게 다음과 같이 반복해서 말하라고 처방했다.

"나는 매일 모든 면에서 점점 더 나아지고 있다.", "나는 아프지 않다, 좋아지고 있다.", "나는 행복하다.", "나는 건강하다."

그는 이 각인력을 통해 수많은 사람들의 몸과 마음을 치료했다. 그리고 바라는 결과를 얻어냈다. 이것을 심리학에서는 플라시보 효과[3] 라고 말한다.

둘째는 견인력이다.

말은 행동을 유발하는 힘이 있다. 즉 행동케 하는 힘이다. 이는 우리가 말하는 대로 내 행동을 이끈다는 것이다. 그래서 "할 수 있다."고 말하면 불가능한 일을 할 수 있게 된다. 그러나 "할 수 없다."고 말하면 할 수 없게 되는 것이다. 그러므로 우리는 항상 적극적이고 긍정적인 말을 해야 한다. 이것이 언행일치의 힘인 것이다.

말한 대로 강력한 힘을 작용하여 끌어당긴다.

셋째는 성취력이다.

말은 견인력을 넘어 성취력이 있다. 말은 목표를 달성하게 도와준다. 나는 사람들에게 동기를 유발케 하여 무엇이든 가능함을 이야기한다. 즉 동기 유발가다. 상대의 무한한 잠재력과 가능성을 찾아 발휘 될 수 있도록 도와주는 것이다. 언제든지 어떤 상황에서든 다음과 같이 말을 하게 되면 그를 바꾸어 버린다.

---

[3] 영어로는 [placebo effect], 실제로는 치료에 생리적으로 도움이 되는 약이 아닌데도 단지 환자가 도움이 될 것이라고 믿고 복용함으로써 실제로 병세가 호전되는 현상을 말한다. 즉 미국 브라운 대학의 월터 브라운 교수는 플라시보 효과를 실제로는 없는데 있을 것이라고 기대함으로써 나타나는 실제 효과라고 정의했다.

"당신이 최고야!"

"난 이 분야 최고의 전문가이다."

"나는 프로다", "난 할 수 있다!"

"나는 무엇이든 최선을 다한다."

"나는 즉시 행동한다."

그 외침과 소리대로 목표를 도와 성취하게 한다. 진심 어린 가능의 말들은 목표를 끌어당기어 성취하게 해준다.

넷째는 창조력(力)이다.

말은 무(無)에서 유(有)를 만들어내는 창조성이 있어서 새로운 것을 만들어 내기도 한다. 그래서 두려움의 말, 실패의 말을 하면 부정적인 결과를 가져온다. 그들은 자기가 현재 가진 것을 말하고, 그 말하는 것은 그대로 가지게 된다. 말은 생명력을 지닌 씨앗과 같다. 지금 생명의 씨앗을 뿌리고 심어야 한다. 그래야 풍성한 열매를 맺는 삶이 될 수 있다.

그 외에도 말은 치유력과 생산력, 행복력, 성공력 등이 있다.

- 치유력, 말은 질병과 상처를 치료하는 힘을 가지고 있다.
- 생산력, 말은 조직을 리드하는 힘이 있어 좋은 결과를 맺고 성과를 올린다.

- 행복력, 말은 행복을 부르는 힘을 가지고 있다.
- 성공력, 말은 더욱 잘하게 하는 힘과 불가능을 가능케 하는 마력을 가지고 있다.

긍정적인 말은 듣기만 해도 사람들에게 활기를 주고 웃음을 준다. 그리고 넘치는 에너지를 공급해 주며 사람들을 끌어당기는 힘을 갖고 있다.

미국의 대통령이었던 빌 클린턴 역시 연설의 대가임에도 불구하고 5분 스피치를 위해 10시간 이상을 준비하는 연습벌레로 유명하다. 이는 말의 중요성을 알고 그것을 활용했기 때문에 가능했던 것이다.

고대 그리스의 데모스테네스 역시 말더듬이었다. 그는 웅변 실력을 키우기 위해 철저할 정도로 연습을 많이 했다. 그리고 당대 최고의 웅변가가 되었다. 이처럼 철저한 준비와 연습은 나를 유창하고 말솜씨가 뛰어난 사람으로 만들어 주기에 충분하다.

언어의 전환[4]

위대한 발견 4가지

　언어란 사람들에게 다가가기 위한 하나의 도구이자 수단이다. 언어는 무엇을 말하느냐가 아니라 사람들이 그것을 어떻게 듣느냐가 더 중요하다. 이것이 먹히는 말이다. 예를 들어 나이키의 광고 카피 "저스트 두 잇 just do it", 영화 대사 터미네이터 "나는 돌아온다 I'll be back.", 빌 클린턴이 말한 슬로건 "사람을 제일 앞에 놓는다 Putting people first." 등이다.

　효과적인 말은 사람들의 뇌리에 박혀 행동을 이끌어낼 뿐 아니라 때로는 엄청난 이윤 차이를 만들어내기도 한다. 먹히는 말이 기업의 운명을 바꾼다. 다음은 잭 웰치 회장의 말이다.

---

[4] 로고테라피(V. E. 프랭클, Viktor E. Frankl)에 의해 제창된 심리요법으로, 이성과 거기에서 만들어진 가치나 의미라는 정신적인 것에서의 심리요법): '빅터 프랭클'은 유대인 정신과 의사이다. 나치의 강제 수용소인 아우슈비츠에 수감되어 언제 죽을지 모르는 죽음의 공포 속에서도 빅터 프랭클은 그곳을 벗어날 자신의 미래를 생각하고 삶의 의지와 가치를 다져 최후의 생존자가 된다. 로고테라피는 인간의 존재에 있어 가장 강력한 자극과 원동력이 된다는 믿음의 원동력이 되었다.

"직원들에게 내리는 나의 지시는 투명성과 명료성을 생명으로 한다. 하나의 테마가 있으면 나는 늘 그것을 단순화시키고 또 단순화시켜서 그들의 살과 피에 젖어들도록 만든다. 사람들이 당신의 메시지를 내면화하도록 하려면 그들의 혼과 접촉해야 한다. 그러나 과도한 메시지는 되울리지 않는 메아리일 뿐이다."

어떤 말을 하느냐보다 사람들이 무슨 말을 듣는지가 더 중요하다. 이 원리가 먹히는 말의 원리이다. 다음은 먹히는 효과적인 언어 규칙들이다.

효과적인 언어의 전환으로 좀 더 시각화하여 인식을 전환할 수 있다. 말을 살짝 바꾸는 것이다. 최대 약점을 하루아침에 최고 강점으로 둔갑시킬 수 있다. 예를 들어 도박이라고 하지 말고 게임 혹은 오락이라고 말한다. 이 두 가지 단어 중에서 온 가족이 둘러 앉아 화기애애하게 놀이를 즐기는 모습이 연상되는 것은 무엇인가? 일확천금을 노리는 한탕주의는 무엇인가?

참신함

이는 이미지를 바꾸는 데 좋다. 먹히는 효과적인 언어를 사용하려면 참신함이 있는 말을 사용하자. 분명 이미지를 개선하게 될 것이다. 다음의 '은행'과 '신용조합' 중 어느 것이 더 긍정적인 어감으로 다가오는가?

리듬감

가장 효과적인 언어는 오페라처럼 리듬감이 느껴져야 한다. 그래야 전하고자 하는 의미가 제대로 전달될 수 있다. 음악은 마술 같은 힘을 지니고 있어서, 강조하고자 하는 언어를 더욱 돋보이게 한다. 다음의 맥도날드가 내놓은 광고 카피에서 차이를 찾아보라.

"아임 러빙 잇i'm loving it".

문장의 첫 글자를 소문자로 써서 눈길을 끈다.

놀라운 언어의 비밀 두 가지는, 첫째 우리의 뇌는 말이 사실인지 아닌지를 구분하지 못하고 무조건 반응한다. 예를 들어 "아이구, 죽겠다."라고 하면 우리의 뇌는 그 말에 반응한다. 사실 여부를 판단하지 못한다.

두 번째는 그것이 누가 말했느냐, 누구에게 해당되느냐, 주어에 상관없이 단어에만 반응한다. 이것이 무슨 뜻일까? 즉 말하는 주체와 누구에게 해당되는 말인지 구분하지 못한다는 것이다. 내가 미워하는 사람에게 욕을 하면, 누구에게 욕을 했느냐와 관계없이 내 귀는 그 욕을 듣고 욕에 대해서만 반응한다. 또 그 욕을 받을 사람이 저 사람이 아닌

데, 무관한 친구에게 적용된다.

필자는 많은 시간 동안 커뮤니케이션을 연구하였다. 앞으로도 그럴 것이다.

우리의 삶에서 성공과 실패를 가늠하는 기준, 모든 관계의 열쇠, 그리고 행복과 기쁨을 얻는 마력, 사람들에게 영향력을 주는 힘, 그 모든 것이 바로 커뮤니케이션 기술에 있음을 발견하였다. 그 위대한 발견을 여러분과 함께 아낌없이 나누고자 한다.

다음은 나의 나름대로 먹히는 효과적인 언어 사용을 위해 필요한 발견이다.

첫 번째 위대한 발견
- 12주 프로젝트 표 만들기

우리의 소통을 변화시키는 힘이 바로 좋은 습관을 길들이는 것이다.

흔히 '습관은 제2의 천성이다.'라는 말을 한다. 따라서 다음의 말을 크게 외쳐보자. 습관의 힘을 발견하는 것이 중요하다.

"성공은 좋은 습관화 Habituation 이다!"

습관은 제1의 천성도 파괴시키는 센 힘을 가지고 있다. 그러므로 자신의 나쁜 습관을 발견하여 그것을 버리고 자르고 끊어야 한다. 고쳐야 한다. 그러기 위해서는 자신이 좋은 습관으로 무섭게 몰고 가야 하고 계발해야 한다. 왜냐하면 성공이란 누가 더 좋은 습관을 몸에 체질화했느냐에 따라 결정되고 판가름되기 때문이다.

아래의 〈12주 프로젝트 표〉를 통해 좋은 습관을 길들이는 훈련을 해 보자.

12주는 모든 습관이 나의 내면화되는 시간이다. 그리고 여기 성품의 인자들은 성공의 중요한 밑천이 되기 때문이다. 우리의 생각, 태도, 행동, 그리고 말은 후천적인 습관의 결과로 얼마든지 변화를 줄 수 있다.

분명 당신을 지금보다 더 높은 위치로 올려다 줄 것이다. 아주 확실히, 그리고 더 많은 성공의 기회를 누리게 된다. 멋지게 바뀐 자신의 삶을 경험하게 될 것이다.

자기계발 분야의 대가 '맥스웰 몰츠' 박사는 "새로운 습관을 만들려면 어른의 경우 최소한 21일 정도의 기간이 필요하다."고 말했다. 그래서 필자도 모든 훈련과 길들이기 기간을 12주로 정하였다. 여러분들도 12주만 지속하면 새로운 성공 습관을 만들 수 있다. 반드시 멘토나 가족, 나에게 실천했는지 확인을 받아야 한다. 무엇이든 능력 부족은 다음의 12주 프로젝트 표에 적용시키면 그 분야에 통달할 수 있게 된다.

매일 보이는 곳에 두고 체크하며 실천해 보자. 12주 후 능력을 갖춘 사람으로 바뀌어 진 자신의 모습을 보게 될 것이다.

날마다 12프로젝트 항목을 실천하고 체크한다. 이 표를 잘 보이는 곳에 붙여 놓고 수시로 점검하고 실천해야 된다.

12주 프로젝트

기간/습관 항목	긍정의 구호 외치기	큰 소리로 책읽기	3분 스피치	전화하기 문자 보내기	편지 쓰기	인사말 연습 하기	연설 해보기	자화 자찬 갖기	거울 보기	발음 훈련 하기	예쁜말 사용 하기
1주											
2주											
3주											
4주											
5주											
6주											
7주											
8주											
9주											
10주											
11주											
12주											
결과											

작성자: 점검자:

* 기간과 항목은 개인의 조건과 목표에 따라 변경 및 조정될 수 있다. 길들이기를 원하는 항목을 넣어 시작하자.

두 번째 위대한 발견

– 4차원을 관통하는 성공의 지혜 원리

성공한 사람들은 평생 학습을 통해 훌륭한 인격과 성품을 갖춘다. 따라서 성공으로 올라가는 사다리로 올라갈 수 있도록 배워야 한다. 이 4차원의 지혜는 성공으로 나아가는 데 반드시 관통해야 할 관문이다. 그 성공의 지혜로는 긍정의 마인드, 꿈(비전), 언어(말), 리더십(태도)이 있다. 이는 성공하는 데 꼭 필요한 자원이므로 부단히 학습해야 한다.

4차원의 성공 리더십 교육안

긍정의 마인드	꿈을 꾸는 자	마법의 말 한마디 (언어)	성공 리더십
긍정의 힘 두뇌의 기능 창조의 마인드 생각의 힘	꿈 비전 계획 자신감 실천가	언어의 이론과 실제 발음 발성 훈련 전달법 프레젠테이션 감성스피치 말의 위력 표현의 능력	인격 및 품성 좋은 습관화 리더십 개발 인간관계 스킬 훈련 인맥 태도 건강관리

위와 같은 커뮤니케이션 교육 과정을 통해 뛰어난 언변가와 지도력을 갖춘 리더가 될 수 있다. 영향력을 미치는 리더로 우뚝 서게 될 것이다. 결국 위대한 성품을 갖게 된다.

세 번째 위대한 발견
– 품성변화 7단계

품성의 변화 7단계를 발견하고, 학습코칭을 하기까지 많은 연구가 있었다.

그 사람의 관심과 흥미, 관찰 그리고 무엇을 보고 듣고 누구를 만나느냐에 따라서 에너지인 생각(사고)이 형성되게 된다. 그러므로 자신의 긍정적인 태도가 곧 자신의 운명에 그대로 영향을 준다는 것을 발견할 수 있다.

한 기자가 천재 알버트 아인슈타인에게 물었다.

"당신은 어떻게 그렇게 훌륭한 업적을 많이 남길 수 있었나요?"

그러자 아인슈타인은 다음과 같이 대답했다.

"그것은 내가 다른 사람들보다 많은 능력을 가졌기 때문이 아닙니다. 나는 단지 보통의 사람들보다 더 호기심이 많은 것뿐입니다."

그러므로 호기심과 관심, 관찰은 나를 탁월하게 만드는 작업의 첫 단추이기도 하다. 성공으로 나아가는 데 필요한 능력이 된다.

성공의 연습

1	2	3	4	5	6	7
관심 관찰	생각	말	행동	습관	품성 (인격)	운명 (삶)

생각	말	에너지, 시간, 노력 반복	성공

품성 변화

사람에게는 본성과 개성 그리고 품성이 있다. 그 의미를 보면 이렇다.

본성=원래 본능적으로 갖고 태어난 것이다.

식욕, 성욕, 물질욕, 이기심, 교만 등 이런 것들이 본성에서 나오는 것이다. 그러므로 누구나 본능적 자질을 지니고 있다. 이는 쉽게 바뀌지 않는다.

개성=부모님으로부터 특별한 것을 유전적으로 물려받은 것이다.

환경적으로 또는 개인적 성질(성향), 기질이다. 그러므로 사람마다 개성이 다 다르고 1개 이상의 기질을 대물림으로 받을 수 있다. 내성적인 성격, 외향적인 성격 등이다.

품성=인간의 본성과 개인적 성격 그리고 후천적으로 습관된 교육과 지속적인 훈련에 의해 만들어져 종합적으로 나타나는 됨됨이를 품성이라 말하고 이를 형성된 인격이라고 한다.

네 번째 위대한 발견
– 창조적인 말의 원리

　유럽의 정신과 의사인 '폴 투니어' 박사는 그의 저서 『사람의 치료』에서 나쁜 사고방식은 신체에 나쁜 영향을 준다고 말하고 있다. 반대로 마음속에 희망, 낙천주의 그리고 열정을 품으면, 긍정의 태도와 사고는 우리가 건강과 행복을 가질 수 있고 성공으로 이끄는 힘이 된다. 그런데 생각은 곧 잉태되어 입 밖으로 내뱉어지는 말이 되고 나를 그대로 행동하게 만든다고 한다.

　내 마음속에 성공적인 이미지가 들어오면, 성공의 말, 희망의 말, 긍정적인 말을 하게 된다. 긍정의 사고가 입력되면 그대로 출력된다는 것이다. 그러나 마음속에 실패적인 이미지가 들어오면, 실패의 말, 부정적인 말을 하게 된다. 즉 부정적인 사고가 들어오면, 부정적인 결과를 낳는다. 그런데 우리의 행동은 그의 말에 영향을 받는다. 그러므로 긍정적인 사고와 말 그리고 행동은 곧 성공을 강하게 끌어당기는 힘을 발휘한다. 다음은 창조적인 말의 원리이다.

　우리의 생각은 마음속에서 잉태된 다음, 혀로 만들어져서 입을 통해 나가게 되면, 그 말은 능력을 발휘하는 위력적인 힘이 된다.

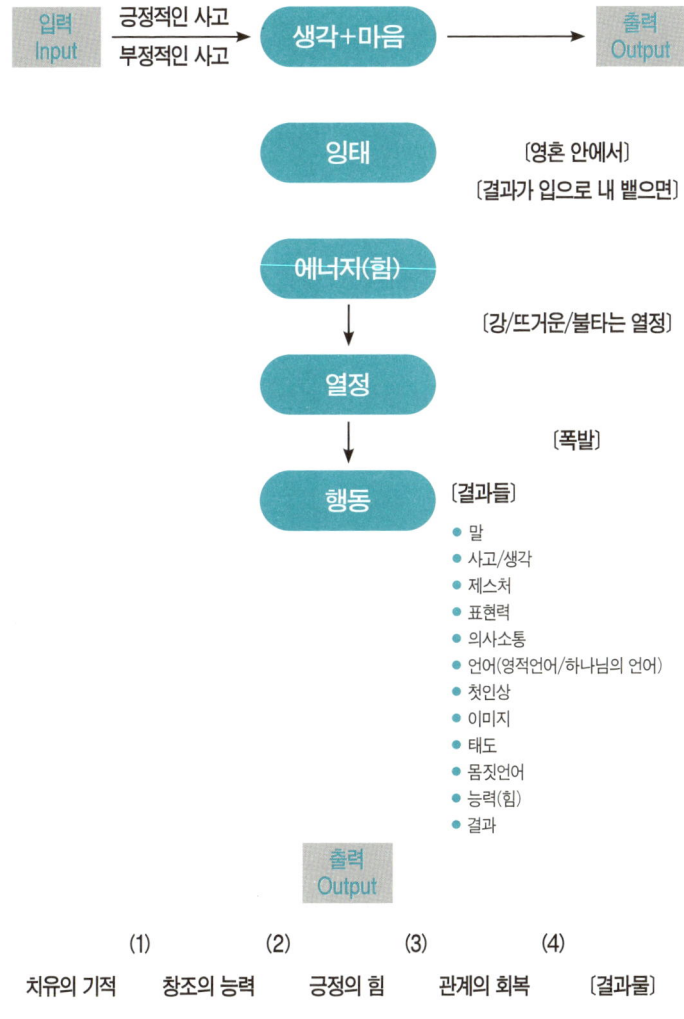

자기계발의 4가지 원리

사람은 누구나 다 성공할 수 있는 잠재적 능력을 지닌 놀라운 존재이다. 얼마든지 나를 지금보다 더 강력한 개성적 자질을 가진 사람으로 변신시킬 수 있다. 다음의 4가지 계발 4단계의 원리를 적용해보자.

– 1단계: 비전과 꿈 세우기

성공의 비결을 단 한 마디로 말한다면, 마음속에 승리의 꿈을 품는 것이다. 즉 확고하고 선명한 꿈을 꾼다.

아프리카 선교의 아버지라 불리는 데이비드 리빙스턴 선교사는 "사명을 가진 사람은 그것을 달성할 때까지는 절대로 죽지 않는다."고 말했다. 인생의 성공은 끊임없는 전진에 있다. 크고 원대한 비전과 꿈을 향해 앞으로 나아가는 것이다. 결국 확고한 비전과 꿈을 갖고 있느냐 없느냐 그 차이가 성공을 좌우하는 열쇠가 된다. 비전과 꿈이 선명하고 분명할수록 그대로 이루어진다.

– 2단계: 새로운 배움에 도전하기

앞에서 세운 비전과 꿈을 이루기 위해서는 구체적인 목표가 있어야 한다. 그 목표를 실천하기 위해서는 지속적으로 보완과 충전하는 과정이 필요하다. 새로운 학습을 통해 다양한 지식과 정보, 기술 등을 습득해야 한다. 아무리 좋은 휴대폰일지라도 방전되어 있다면 어떤 기능도 사용할 수 없다.

한국이 낳은 세계적인 패션 디자이너 앙드레 김은 자신의 지식 부족함을 채우기 위해 국내의 신문 17가지를 구독하여 매일 읽으며 정보와 문화, 지적 감각을 유지하였다고 한다. 그러한 지식 습득 노력이 필요하다.

– 3단계: 지속적으로 연습하자

세운 비전과 꿈을 구체적으로 실천하려면 각자의 실생활에 습득한 지식을 적용하고 연습해 보는 과정이 필요하다. 그래서 어떤 분야에서 최고의 전문가들의 공통적인 특징은 연습과 훈련을 지속적으로 한다는 것이었다. 기술은 반복적인 연습을 통해 숙련된 사람으로 만들어지는 것이다.

세계적인 운동선수를 예로 들면, 박세리, 박찬호, 박태환, 이승엽, 김연아 선수 등이 있다. 이들이 각 분야 최고의 선수들이 될 수 있었던 것은 바로 연습벌레들이었기 때문이다. 남들보다 더 많은 연습을 한 결과이다. 지속적인 연마는 날카로운 기술로 바꾼다.

– 4단계: 전문가가 되자

개인 브랜드를 만들기 위해서는 전문가가 되어야 한다. 전문가란 새로운 기술을 갖춘 사람을 의미한다. 그리고 끊임없는 도전과 열정을 지닌 사람을 말하는 것이다. 프로, 최고란 자신이 세운 비전과 꿈을 위해 부단히 연습하고 도전하는 사람을 말하는 것이다. 멈춤이 없는 연습과 노력만이 가능하게 해준다.

꿈은 최고의 자원이다. 아무리 큰 꿈일지라도 세금을 내지 않는다. 그런데 확고한 꿈은 곧 언어로 발휘된다. 그리고 행동의 결과를 나타낸다.

위의 4단계 원리를 통해 자기계발을 이루도록 하자.

EPILOGUE

유대인의 집 대문 오른쪽 위에는 하나의 상자가 있는데, 이를 '메주자'라고 한다, 여기에는 하나님의 말씀이 들어 있다. 또 유대인들은 모자를 쓰고 다니는데, 이 모자 앞쪽에 말씀을 쓴 성구를 넣고 다닌다. 이를 '테필린'이라고 한다. 이는 모두 신명기 6장 7절 "네 자녀에게 부지런히 가르치며 집에 앉았을 때에든지 길을 갈 때에든지 누워 있을 때에든지 일어날 때에든지 이 말씀을 강론할 것이며", 이 말씀이 메주자의 기원이 되는 말씀이다.

재미있는 한 이야기가 있어 소개한다.

어느 교회 바로 앞에 술집이 있었는데 외관상 교회의 모습이 별로 좋아 보이지 않았다. 그래서 다른 곳으로 가서 장사를 하라고 권해도 듣지를 않았다. 그리하여 성도들은 이 술집이 다른 곳으로 가도록 기도를 시작하였다. 그러던 어느 날 술집에 불이 났다. 그러자 술집 주인은 교회의 성도들이

기도를 해서 불이 난 것이라고 손해배상을 청구하는 재판을 걸었다.

재판장이 교인들에게 술집이 이사를 가게 기도한 적이 있느냐고 물었다. 성도들은 그렇다고 대답하였다. 재판장은 그러면 그 기도가 응답될 줄 믿고 기도했느냐고 물었다. 그러자 교인들은 침묵을 지켰다.

재판장이 말했다.

"어떻게 당신들은 불신자인 술집 주인보다 믿음이 없습니까?"

'우리가 하는 말은 그대로 이루어진다.'

믿음의 언어를 삶에 활용하면 기적이 일어난다. 지금 믿음으로 사용해 보자.

우리 속담에는 '말'과 관련된 것들이 많이 있는데, '말 한마디로 천 냥 빚을 갚는다.'라는 말이 있다.

말 한마디로 천 냥 빚을 어떻게 갚는가? 그만큼 말이 중요하다는 것이다. 또 '말이 씨가 된다.'라는 말도 있다. 말이 무슨 씨가 될까? 콩 심은 데 콩 나고 팥 심은 데 팥 나고 입술로 말한 씨는 그대로 이루어진다는 것이다.

또 '혀 아래 도끼 들었다.'라는 말을 하는데 혀 아래 도끼가 들어 있으니까 그 말을 통해서 깊은 상처를 받을 수가 있다는 의미이다.

'활은 쏘고 주워도 말은 하고 못 줍는다.'

화살은 쏘고 난 다음에 가서 주워서 전통에 넣을 수 있지만 말은 하고 난 다음 못 주워 넣는 것이다. 안 했으면 좋았을 것이라고 생각하지만 입술을 떠난 말은 주워 올 수가 없는 것이다.

말이 얼마나 큰 영향력을 가지고 있는지를 우리는 말 속에 깨달아야 되는 것이다.

지금까지 설명한 내용들은 열정적인 말하기 훈련에 적극적으로 한 번이라도 참여함으로써 내성적인 사람의 성격이 적극적인 성격으로 바뀌고, 불안과 초조, 떨림과 공포감으로 사람들 앞에 설 수 없었던 사람들이 자신감이 생겨 당당하게 말을 하게 되도록 했다. 아울러 긍정적인 사람으로 바뀌어 칭찬, 감사, 배려의 표현에 능숙하게 됨으로써 말솜씨가 향상되도록 했다. 또한 정의 표현을 통해 많은 변화를 경험하도록 꾸며 놓았다.

이 책을 읽은 독자들은 무엇보다도 가려운 데를 긁어 주는 말솜씨를 갖추게 된다. 말을 할 때 상대방을 배려해 주고

숨은 욕구를 채워주어, 마음을 움직이는 멋진 언변력을 갖게 될 것이다. 뿐만 아니라 삶을 복되게 하며 풍성하게 하는 좋은 말, 선한 말, 축복의 말, 감사의 말, 희망의 말, 배려의 말, 치유의 말, 응원의 말, 칭찬의 말에 달인이 될 것이다.

당신의 말 한마디가 당신의 삶을 확 바꾸어 줄 것이다. 여러 번 읽고 꾸준히 연습하고 실전에 그대로 적용해 보자.

감사합니다.
사랑합니다.
그리고 고맙습니다.

세미나, 교육, 강연문의

정병태 ● 010 5347-3390

긍정의 말
대화법
유대인 대화법
스피치 코칭
성공 리더십
목소리 트레이닝

인문학 철학 학습
강사 코칭 과정
인성학 학습 과정
인간관계 활용 과정